DAS BESTE VON DUBLIN IN 4 ROUTEN

ROUTE 1 > SMITHFIELD, STONEYBATTER & PHOENIX PARK S. 18

Am Nordufer des Flusses Liffey ist das Stadtbild abwechslungsreich. Einst eher raue Viertel verändern sich rasant in angesagte Gegenden, höchster Blickfang ist der Millennium Spire.

ROUTE 2 > SANDYMOUNT, DOCKLANDS & IFSC S. 38

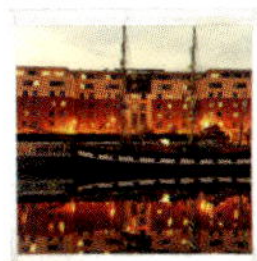

Ein Viertel, das eher an ein kleines Stranddorf erinnert, bildet einen schönen Kontrast zu einer Gegend, die für ihre zeitgenössische Architektur bekannt ist. Laufe vom Strand durch Dublins Tech-Viertel zum modernen IFSC.

ROUTE 3 > CITY CENTRE & TEMPLE BAR S. 58

Besuch die prächtigen Museen im schicken City Centre. Erlebe authentische Pubs in Temple Bar und verliere dich in den hippen Geschäften an schmalen Kopfsteinpflastergassen im gemütlichen Creative Quarter.

ROUTE 4 > THE LIBERTIES, RATHMINES & RANELAGH S. 78

Spaziere vorbei an den imposanten Gebäuden in The Liberties und dem Dublin der Wikinger in Richtung Süden, wo du das hippe Viertel Ranelagh und das studentische Rathmines entdeckst.

HAPPY TIME GUIDE DUBLIN

Laufe aus dem Hotel heraus direkt in die attraktivsten Viertel der Stadt. Entdecke neue Restaurants, die besten Cafés und trink ein vor Ort gebrautes Bierchen. Im **happy time guide** teilen unsere vor Ort lebenden Autoren aus Liebe zu ihrer Stadt nur die wahren Highlights mit dir. So sparst du dir die Nullachtfünfzehn-Straßen und steuerst stattdessen direkt die besten Adressen an, wo auch die Locals hingehen. Unterwegs nimmst du immer mal wieder eine klassische Sehenswürdigkeit mit. Genieße jede Minute und mach das Beste aus deinem Städtetrip.

AUF NACH DUBLIN!

Du wirst Dublin entdecken! Eine Stadt, die sehr kompakt und immer gemütlich voll ist. Schau dir die überraschend vielseitigen Viertel an: von kreativ und behaglich über historisch und imposant bis hin zu modern und abgefahren. Lass dich durch Temple Bar mit seinen Kopfsteinpflastergassen und seinen vielen Pubs treiben, entdecke Sehenswürdigkeiten wie das Trinity College, lerne alles über irischen Whiskey in einer der vielen Destillen oder genieße es, wenn dir an der Küste der Wind um die Ohren bläst. Dein Shoppingherz wird in den zwei großen Einkaufsstraßen und den hippen Sträßchen im Creative Quarter höherschlagen. Anschließend kannst du dir einen Platz in einem der prächtig eingerichteten Pubs und Restaurants suchen, von denen sich einige am Abend in Clubs mit toller Atmosphäre verwandeln. Wir zeigen dir, wo du die besten Adressen findest.

Der **happy time guide** ermöglicht es dir, die Stadt in deinem eigenen Tempo zu entdecken und dabei den örtlichen Lifestyle kennenzulernen. Dabei musst du dich nicht einmal vorbereiten. Mit unseren Routen bringen wir dich zu beliebten Restaurants, Cafés, Museen, Galerien, Geschäften und Sehenswürdigkeiten. Hin zu jenen Orten also, die wir selbst gerne besuchen und wo wir eine gute Zeit haben. Vielleicht begegnest du uns ja sogar!

Keine der aufgeführten Adressen hat für die Aufnahme ins Buch gezahlt, weder für Text noch für Bild. Unsere unabhängige Redaktion hat alle Texte selbst verfasst.

VOR ORT

KIM VAN DER VEER

STADT

DUBLIN

BERUF & ARBEIT

RECHTSBERATERIN BEI EINER TECH-FIRMA

Kim ist für ihren Job nach Dublin gezogen und hat ihr Herz an die Stadt verloren. Am liebsten erkundet sie die vielen Parks Dublins und probiert neue Cafés aus. Ihr Favorit ist das eher alternative Viertel zwischen Smithfield Square und Phoenix Park. Hier genießt Kim die einzigartigen Pubs, historische Orte und kleine Boutiquen.

PRAKTISCHE INFOS

Mit den vier Routen in diesem Buch kannst du die schönsten Viertel der Stadt zu Fuß und in deinem eigenen Tempo entdecken. Die Routen führen vorbei an den Sehenswürdigkeiten, aber sie bringen dich vor allem zu den besten Locations zum Essen, Trinken, Einkaufen und Genießen. Auf der Übersichtskarte vorne im Buch kannst du genau sehen, durch welche Viertel der Stadt die Routen führen. Die einzelnen Routen wiederum sind auf den detaillierten Karten zu Beginn des jeweiligen Kapitels eingezeichnet. Auch alle Adressen findest du auf diesen Karten. Anhand der Farbe der kleinen Kreise erkennst du, um was für eine Art Adresse es sich handelt (s. Legende unten auf der Seite). Weiter hinten im Kapitel wird jede Adresse ausführlich besprochen.

Ohne alle Adressen ausführlich zu besuchen, dauert eine Route maximal drei Stunden. Die Länge der Strecke findest du in der Routenbeschreibung.

PREISE

Um dir eine Vorstellung von den Preisen der Restaurants zu ermöglichen, findest du bei den Adressen immer eine Preisangabe. Wenn nicht anders angegeben, handelt es sich dabei um den Durchschnittspreis für ein Hauptgericht. Die Eintrittspreise für Sehenswürdigkeiten sind der Normalpreis, eventuelle Vergünstigungen führen wir nicht auf.

IRISCHE GEPFLOGENHEITEN

Du wirst dich schnell willkommen fühlen im gastfreundlichen Dublin. Die Iren sind immer für ein Schwätzchen zu haben, wozu sich die Pubs vorzüglich eignen. Am Wochenende gehen die Dubliner brunchen.

LEGENDE

- >> SEHENSWÜRDIGKEITEN
- >> ESSEN & TRINKEN
- >> SHOPPEN
- >> FREIZEITTIPPS

GUT ZU WISSEN

Das irische Postleitzahlensystem wurde 1917 entwickelt und funktioniert noch immer identisch: Die geraden Zahlen liegen am Südufer des Flusses (Dublin 2, 6, 8 etc.) und die ungeraden Zahlen am Nordufer (Dublin 1, 3, 5 etc.). Die meisten großen Museen verfügen über gute Sammlungen und sind kostenlos oder gegen einen Obolus zugänglich. In vielen Restaurants ist die Küche den gesamten Tag über geöffnet. Die Iren sind zu Recht stolz auf ihre oftmals biologischen und regional produzierten Nahrungsmittel. Warum auch sollten sie etwas anderes anbieten, wenn das Fleisch irischer Rinder und der Atlantische Ozean immer verfügbar sind? Auch Angebote für Vegetarier und Veganer sind reichlich vorhanden.

Irland ist wegen seiner keltischen Vergangenheit noch immer zweisprachig. Die meisten Straßenschilder und Sehenswürdigkeiten sind auf Gälisch sowie auf Englisch beschriftet. Nach der Vertreibung der Briten wurde die irische Sprache intensiv beworben – allerdings nur mit mäßigem Erfolg. Englisch ist Landessprache, auch wenn Kinder noch immer Gälisch in der Schule lernen. Vielleicht überflüssig zu erwähnen, aber nicht ganz unwichtig: In Irland herrscht Linksverkehr!

TURK'S HEAD
Take a new look!
OldCity
Temple Bar
THE CZECH INN
LATE

GESCHICHTE

Die irische Geschichte reicht weit zurück. Um Dublin und seine Bewohner besser zu verstehen, können ein paar Hintergrundinformationen hilfreich sein. Seit dem Mittelalter wurde die Insel immer wieder von Hungersnöten heimgesucht. In Kombination mit unsicheren politischen Verhältnissen hat dies dazu geführt, dass gut anderthalb Millionen Iren ihr Land in Richtung USA, Kanada und Australien verließen. In den letzten Jahren hat sich der Exodus wiederholt, wodurch die Bevölkerung von einst acht Millionen auf vier Millionen geschrumpft ist.

Irland wurde lange von Großbritannien besetzt. 1916 aber wurde der Druck zu groß. Die Irish Volunteers unter Leitung von Pádraig Pearse und die Irish Citizen Army von James Connolly nahmen das General Post Office in Dublin ein. Am Ostermontag rief Pearse die Irische Republik aus, worauf die Briten mit militärischer Härte reagierten. Daraus entstand die Irisch-Republikanische Armee (IRA), die einen irischen Staat ohne Bande zu England anstrebte.

In den 1960er-Jahren flammte die Gewalt erneut auf. *The Troubles*, die nun folgende Zeit der Unruhe, dauerte bis zum 10. April 1998, als das Karfreitagsabkommen unterzeichnet wurde. Während der *Troubles* schreckte die IRA nicht vor Gewalt zurück und verübte mehrmals Bombenanschläge auf öffentliche Gebäude in Nordirland und dem Vereinigten Königreich. Erst im Juli 2005 erteilte die Führung der IRA ihren Mitgliedern den Auftrag, der bewaffneten Auseinandersetzung ein Ende zu bereiten.

Dublin erlebt in den letzten Jahren ein *Urban Revival*. Der Umbau der Docklands und die Errichtung des Geschäftsviertels IFSC haben neuen Unternehmergeist und Arbeitsplätze gebracht. Weil die Mieten dadurch rasant steigen, ziehen vor allem junge Selbstständige vermehrt in jene Viertel, die lange verfallen waren. Hierdurch erleben auch diese Viertel einen Neuanfang mit frischer Energie.

NATIONALE FEIERTAGE

Irland hat diverse nationale Feiertage. Diese *Bank Holidays*, die ihren Namen der Tatsache verdanken, dass Banken (und die meisten öffentlichen Einrichtungen) an diesen Tagen geschlossen sind, fallen immer auf einen Montag. Neben Ostern hat Irland folgende Feiertage:

1. Januar > Neujahr
17. März > Saint Patrick's Day
Erster Montag im Mai > May Bank Holiday
Erster Montag im Juni > June Bank Holiday
Erster Montag im August > August Bank Holiday
Erster Montag im Oktober > Oktober Bank Holiday
24. Dezember > Heiligabend (Geschäfte, Restaurants und Pubs ab 18 Uhr geschlossen)
25. Dezember > Erster Weihnachtstag (Geschäfte, Restaurants und Pubs geschlossen)
26. Dezember > Zweiter Weihnachtstag (Saint Stephen's Day)

HAST DU NOCH TIPPS?

Wir haben diesen Reiseführer mit größtmöglicher Sorgfalt zusammengestellt. Das Angebot an Läden und Restaurants wechselt in Dublin jedoch fortwährend. Wir sind bemüht, die Routen und Adressen auf dem aktuellen Stand zu halten, und überarbeiten diesen Reiseführer regelmäßig. Wenn du trotzdem eine Adresse nicht mehr finden kannst oder andere Anmerkungen oder Tipps zu diesem Reiseführer hast, dann lass es uns wissen. Schreib uns eine E-Mail an lektorat@verlagshaus.de.

VERKEHR

Ab dem Flughafen Dublin bist du innerhalb einer halben Stunde in der Stadt. Eine einfache Fahrt mit dem **Linienbus** 16 oder 41 kostet 3,30 Euro. Berücksichtige dabei, dass du im Bus bar bezahlen musst und dass es kein Wechselgeld gibt. Am Flughafen kannst du außerdem mit **Airlink** oder **Aircoach** in die Stadt fahren. Diese Busunternehmen halten weniger oft und fahren auch durch die Randbezirke der Stadt. Eine einfache Fahrt mit Airlink kostet 7 Euro, die Hin- und Rückfahrt 8 Euro. Bei Aircoach bezahlst du 7 bzw. 12 Euro. Bei Aircoach gibt es meist genügend hilfsbereite Mitarbeiter. Wer ein Retour-Ticket gekauft hat, kann auf dem Rückweg an einer beliebigen Haltestelle einsteigen.

Beauty Bee Salon

FOR WOMEN'S HEALTH
YES
HINO
HINO

Im Zentrum Dublins kostet ein Busticket 2,50 Euro. Denke auch hier an Bargeld: Du kannst im Bus weder kontaktlos noch sonst mit Karte bezahlen. Die Doppeldecker sind die Rettung, wenn du dich schnell und günstig im Zentrum fortbewegen möchtest. Wenn du den ÖPNV (Bus, Luas, DART) viel nutzt, solltest du in Erwägung ziehen, eine **LeapCard** anzuschaffen. Du kannst sie an Automaten bei Luas- und an DART-Haltestellen kaufen. Auf die LeapCard kannst du ein Guthaben laden.

Taxis kannst du einfach auf der Straße anhalten. Zwar gibt es in der Stadt auch feste Taxistellplätze, aber es ist nicht unbedingt nötig, dorthin zu gehen, weil du in der Regel auch sonst innerhalb weniger Minuten eines bekommst. In Dublin kommunizieren die Taxifahrer untereinander gut, auch haben sie feste Fahrtpreise. Mehr darüber kannst du auf den Aushängen in den Wagen lesen. Ein Taxi vom Flughafen in die Stadt kostet je nach Verkehrsaufkommen um die 25 Euro.

Eine Besonderheit in der Stadt ist die **Luas**, eine **Straßenbahn**. Ein Ticket kostet im Schnitt 2,30 Euro und ist an den Automaten bei den Haltestellen erhältlich.

Die **DART-Bahn** ist eine gute Alternative, wenn du in die Außenbezirke an der Küste möchtest. Der Verkehr in Dublin ist langsam und steht oft still. Die Züge betrifft das nicht, sie bringen dich für ein paar Euro aus der Stadt heraus und halten in allen Vierteln an der Küste. Fahrkarten sind an jedem Bahnhof erhältlich. Im Süden Dublins gehst du zu Pearse Station, Tara Street oder Grand Canal Dock, im Norden steuerst du Connolly Station an.

So gibt es also verschiedene Transportmöglichkeiten im Zentrum. Dabei solltest du allerdings das Laufen nicht vergessen. Das Zentrum an sich ist eher klein und die meisten Sehenswürdigkeiten liegen dicht beieinander – Gehen ist also immer eine gute Option. Darüber hinaus gibt es ein paar schöne Parks und natürlich den Liffey Boardwalk, der nach einem romantischen Spaziergang geradezu schreit.

RAD FAHREN

Das mit dem **Radfahren** ist so eine Sache in Dublin. Einerseits kommt man mit dem Rad gut voran. Andererseits aber bleibt es gewöhnungsbedürftig, links zu fahren. Auch merkt man schnell, dass Dublin ursprünglich eine Autostadt ist: Die Autofahrer gewöhnen sich nur zögerlich an die wachsende Zahl der Radfahrer. Locals, die sich in den Sattel wagen, manövrieren sich mit Helm und fluoreszierenden Jacken durch den Verkehr. Obwohl man überall Helme sieht, gibt es keine Helmpflicht. Stadträder, wie wir sie kennen, heißen in Irland Dutch Bikes.

Denk also dran, dass es nur vereinzelt Radwege gibt, dass Autofahrer schnell und oft ziemlich nachlässig unterwegs sind und dich zuweilen auch links überholen. Manche Radfahrer sind auch auf dem Bürgersteig unterwegs, aber das ist eigentlich verboten. Zu zweit nebeneinander zu fahren kommt nicht gut an und ist schlicht und einfach gefährlich. Trotz all dieser Warnungen sollte es für den geübten deutschen Radfahrer kein Problem sein, sich hier ein Fahrrad zu mieten – und es macht Spaß.

Überall in der Stadt triffst du auf **Dublin-Bikes**-Stationen, wo du Räder für eine halbe Stunde oder auch für drei Tage mieten kannst. Das Rad kannst du an der einen Station abholen und an der nächsten wieder abgeben. Die erste halbe Stunde ist kostenlos und danach bezahlst du pro Stunde. Weil die Gebühren niedrig sind (für drei Tage zahlst du nur 5 Euro), handelt es sich um eine gute Alternative für ein kleines Budget. Schau auf www.dublinebikes.ie nach weiteren Informationen über Standorte und Tarife. Mit mehr als 100 Stationen aber ist das Fahrrad in Dublin schon jetzt unverzichtbar.

Wenn du das System einfach nur ausprobieren möchtest, solltest du durch Phoenix Park radeln. Auch der neue Radweg nach Howth ist eine relativ sichere Strecke. Und wie wäre es mit einem Radausflug zum Sandymouth Beach oder zu The Great South Wall? Los geht's? *Keep left* und viel Spaß!

TOP 10	PUBS

1 **Grogans** ist *old school* > 15 William Street South

2 Im **Stag's Head** ist es immer noch 1895 > S. 69

3 Brettspiele und Craft Beer gibt es bei **P. Mac's** > S. 86

4 Top-Schwulenbar: **The George** > 89 South Great George's Street

5 **Charlotte Quay** für einen Drink am Freitagnachmittag > S. 46

6 **The Ginger Man Pub** wird in der Weihnachtszeit prächtig geschmückt > 39–40 Fenian Street

7 Eine *Once-in-a-Life*-Erfahrung: in der **Hacienda Bar** klingeln > S. 30

8 **The Guinness Storehouse**: direkt aus der Brauerei > S. 98

9 Bei **Toners** ist immer gute Stimmung > 139 Baggot Street Lower

10 Trink einen *Pint* bei **John Kavanaghs „The Gravediggers"** > 1 Prospect Square

TOP 10 RESTAURANTS

1 Bei **Klaw** gibt es fantastische *Lobster Rolls* > S. 67

2 Für ein feines Mittagessen gehst du zu **Two Pups Coffee** > S. 86

3 Die besten Ramen isst du bei **The Ramen Bar** > 51 William Street

4 Bei **Farmer Browns** haben sie den Brunch erfunden! > S. 89

5 **Las Tapas de Lola**: spanische Häppchen > 12 Wexford Street

6 Vegetarier kommen bei **Sova the Vegan Butcher** auf ihre Kosten > 51 Pleasants Street

7 Geschmackvoll mexikanisch bei **777** > S. 69

8 Gesunder kreativer Lunch bei **Eathos** > S. 65

9 Irisches *Pub Food* findest du bei **L. Mulligan Grocer** > S. 26

10 **Chapter One** besitzt zu Recht einen Michelin-Stern > S. 52

TOP 10 AUSGEHEN

1 **The Bar with No Name** ist der ultimative Ort für einen Drink > 3 Fade Street

2 **Yamamori Tengu**: Feiern mit internationalen DJs > Strand Street Great

3 Neue Bands entdeckst du im **The Workman's Club** > S. 70

4 Besuch eine Drag-Show in **The Pantibar** > 7–8 Capel Street

5 **Café en Seine**: Cocktails in einem prächtigen Interieur > S. 66

6 Im Keller tanzen bei **House** > 27 Leeson Street Lower

7 Irische Musik in **O'Bonaghues Bar** > 15 Suffolk Street

8 **The Porterhouse**: vor Ort gebrautes Bier > S. 69

9 Draußen feiern bei **Dicey's Garden** > 21–25 Harcourt Street

10 Junkfood, Cocktails und Retro-Spiele im **Token** > S. 35

TOP 10 SONNTAG

1 Ein sonntäglicher Spaziergang über den Campus des **Trinity College** > S. 62

2 Besuch den Food Market im **People's Park** > S. 102

3 Sieh dir den makabren Dead Zoo beim **National Museum of Ireland** an > S. 74

4 Frühstücke am Sonntag mit den Locals im **Avoca** > S. 70

5 Geh ins **The Bernard Shaw** und tanke Festivalstimmung > S. 25

6 Staune über die prächtige **National Gallery of Ireland** > S. 62

7 Geh auf einen Film und einen klassischen Cocktail ins **Stella Theatre** > S. 97

8 Erlebe im **The Cobblestone** einen relaxten Nachmittag > S. 25

9 Entdecke das aufstrebende Modetalent **Om Diva** > S. 73

10 Seehunde, Klippenwanderung und Fish & Chips in **Howth**

ROUTE 1

SMITHFIELD, STONEYBATTER & PHOENIX PARK

INFOS ZUR ROUTE

Diese Wanderung ermöglicht dir dank der Museen und der Sehenswürdigkeiten tiefe Einblicke in Dublins Geschichte. Das Straßenbild auf Dublins Nordseite ist im Vergleich zum wohlhabenden Süden eher rau. Unterwegs wechseln sich historische Bauten mit moderner Architektur ab. Auch wenn du Dublin bereits kennst, ist die Route interessant, denn die Stadt verändert sich in rasantem Tempo.

DIE VIERTEL

Der Norden war lange das Terrain der Arbeiterklasse. Das zeigt sich bis heute am Straßenbild. Manchmal scheint es, als wäre das Gebiet nördlich des Liffey ein völlig anderes Dublin. Dabei wird der Norden von einfachen Siedlungen mit niedrigen Häusern und einem zuweilen etwas unaufgeräumten Straßenbild geprägt. Und dann gibt es hier noch die **Henry Street**, die große Einkaufsstraße der Nordseite, wo alle großen Ketten präsent sind. Man mag es ruppig oder unpoliert nennen; fest steht jedoch, dass man hier Tag für Tag auf die Geschichte Dublins stößt – auch auf die schwierigeren Zeiten. Unter dem Strich ist The Northside auch für viele Iren noch unbekannt, was wirklich schade ist.

Seit einigen Jahren nun läuft die Wiederbelebung, was längst erste Früchte zeigt. Ehemalige Arbeiterviertel ziehen junge Pioniere an, Start-ups beziehen in leer stehenden Fabrikhallen Quartier und eine bunte Generation junger Iren eröffnet hippe Restaurants, Geschäfte und Galerien. Vor allem die Viertel **Stoneybatter** und **Smithfield** sind sehr angesagt. All dies schlägt sich in einer interessanten Mischung aus Alt und Neu nieder. Die **Capel Street** etwa war lange verlassen und heruntergekommen. Heute ist sie eine multikulturelle und zugleich urgemütliche Straße ohne Franchise-Ketten, dafür mit asiatischen Supermärkten, Restaurants mit Küchen aus aller Welt, Pop-up-Stores und traditionellen Pubs.

SMITHFIELD, STONEYBATTER & PHOENIX PARK

1. National Botanic Gardens
2. Glasnevin Cemetery
3. The Bernard Shaw / EatYard
4. Two Boys Brew
5. The Back Page
6. The Cobblestone
7. KALE+COCO
8. Damn Fine Print
9. Lilliput Stores
10. L. Mulligan Grocer
11. Love Supreme
12. Phoenix Park
13. National Museum of Ireland for Decorative Arts & History
14. Wuff
15. Token
16. Proper Order
17. The Lighthouse Cinema
18. My Meat Wagon
19. Jameson Tower
20. The Old Jameson Distillery
21. Four Courts
22. Brother Hubbard
23. Slattery's Bar
24. Bullet Duck & Dumplings
25. Hacienda Bar
26. Arran Street East
27. Krewe
28. The Black Sheep
29. Mish.Mash
30. Henrietta Street
31. Nine Crows Vintage
32. The Church Bar & Restaurant
33. The Winding Stair
34. Ha'Penny Bridge
35. Liffey Boardwalk

Obwohl sich die Viertel rauer anfühlen, müssen sie keineswegs ohne schöne Ecken auskommen. Unter anderem befindet sich hier mit dem **Phoenix Park** der größte Stadtpark Europas. Endlose Wiesen wechseln sich hier mit Wäldern ab. Mit etwas Glück erspähst du sogar eine Herde wilder Hirsche, die hier zu Hause ist. Noch ein Stückchen weiter im Norden stößt du auf eine der imposantesten Konstruktionen der Stadt, die **National Botanic Gardens** mit ihren prächtigen viktorianischen Gewächshäusern.

WENIG ZEIT? DAS SIND DIE HIGHLIGHTS:
NATIONAL BOTANIC GARDENS + TOKEN + JAMESON TOWER + L. MULLIGAN GROCER + GLASNEVIN CEMETERY

TIPPS

// Fahr die Runde doch mit dem Rad // Henry Street ist ein Mix aus Ketten und lokalen Unternehmen // Geh die Route mal andersherum

I'm in love with cities I've never been to & people I've never met

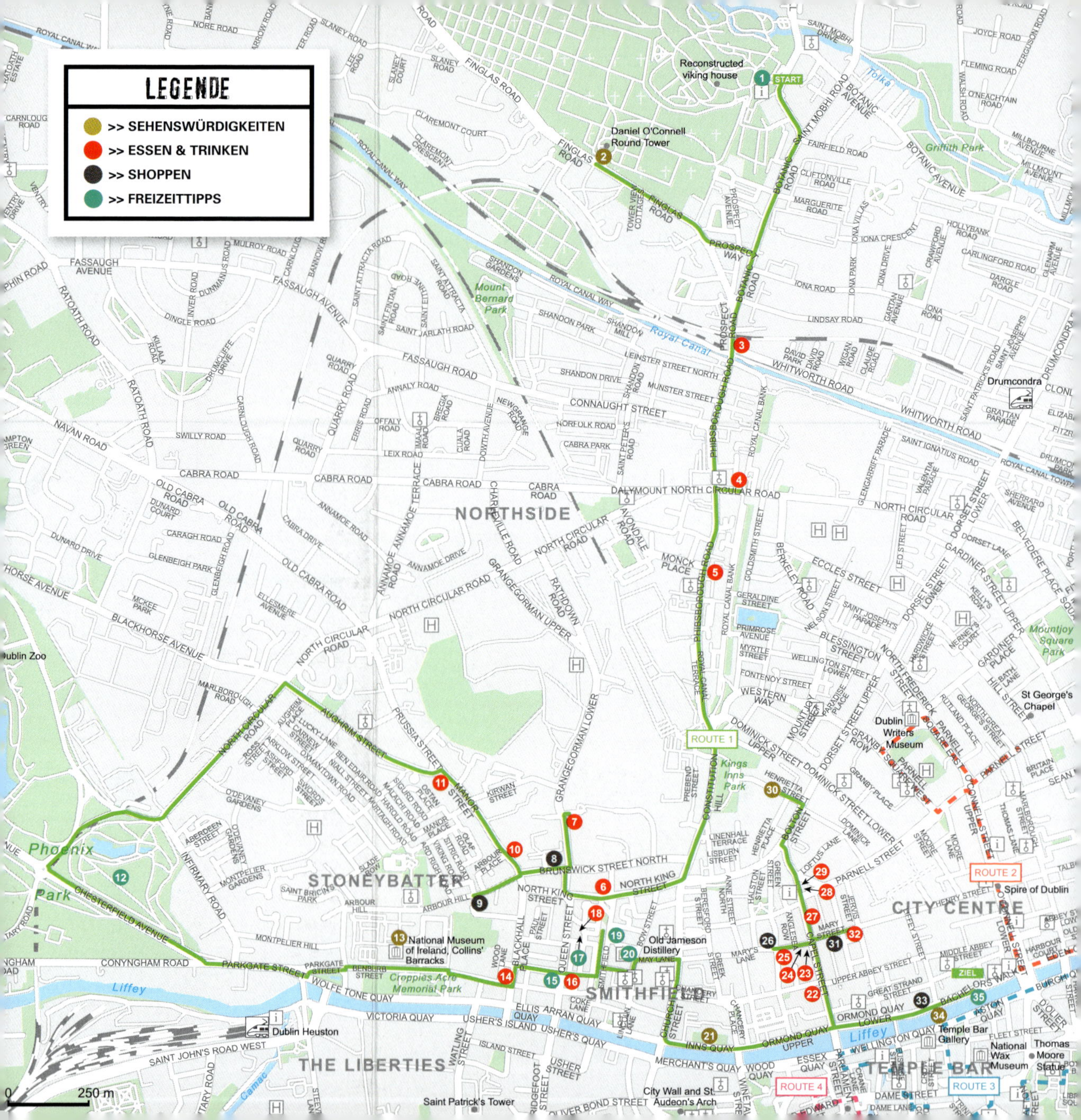
LEGENDE
>> SEHENSWÜRDIGKEITEN
>> ESSEN & TRINKEN
>> SHOPPEN
>> FREIZEITTIPPS
START
ZIEL
ROUTE 1
ROUTE 2
ROUTE 3
ROUTE 4
Reconstructed viking house
Daniel O'Connell Round Tower
Mount Bernard Park
Royal Canal
Drumcondra
NORTHSIDE
Kings Inns Park
Mountjoy Square Park
St George's Chapel
Dublin Writers Museum
Spire of Dublin
CITY CENTRE
STONEYBATTER
SMITHFIELD
National Museum of Ireland, Collins' Barracks
Croppies Acre Memorial Park
Old Jameson Distillery
Phoenix Park
Dublin Zoo
Liffey
Dublin Heuston
THE LIBERTIES
TEMPLE BAR
Temple Bar Gallery
National Wax Museum
Thomas Moore Statue
City Wall and St Audeon's Arch
Saint Patrick's Tower
Griffith Park
Tolka
0
250 m

BESCHREIBUNG ROUTE 1 (ca. 12,8 km)

Starte im Botanischen Garten in den Tag 1. Von hier aus kannst du direkt auf den Glasnevin Cemetery laufen, um die viktorianischen Gräber zu bewundern. Biege nun in die Botanic Road ab. Wenn du eine Führung über den Friedhof machen möchtest, biege nochmals rechts in den Prospect Way 2. Setze den Weg von der Botanic Road zur Phibsborough Road für eine irische Pizza mit einem Drink fort 3. Folge der Straße weiter und mach einen Abstecher nach links für einen herrlichen Brunch 4. Geh nun zu einer weiteren Pizzeria 5. Jetzt geradeaus und dann rechts in die King Street North für irische Livemusik 6. Geh nach rechts in die George's Lane und geradeaus über Grangegorman Lower für gesunde Kost 7, oder biege nach links in die North Brunswick Street ein, wo du schöne Siebdrucke findest 8. Du bist jetzt im In-Viertel Stoneybatter. Geh geradeaus zum Arbor Hill für tolle Picknickkörbe und lokale Produkte 9 oder biege nach rechts in die Stoneybatter Road ein. Hier findest du fantastische Pubs 10 und Weinbars 11. Setze den Weg durch die Aughrim Street fort und biege links in die North Circular Road ab. Betritt durch das viktorianische Tor den Phoenix Park 12. Am Kreisel links. Folge der Parkgate Street und halte links an, um in die Benburp Street zu gehen. Auf der linken Seite liegt das National Museum for Decorative Arts 13. Geh weiter zum Mittag- oder Abendessen 14 und mach eine Links-Rechts-Kombination für ein abendfüllendes Vergnügen 15. Biege links in Blackhall Place und direkt nach rechts in die Hendrick Street ab, um leckeren Kaffee zu trinken 16. Du bist jetzt am Smithfield Market Square. Auf der linken Seite versteckt sich neben dem Kino ein angesagtes Barbecue-Restaurant 17 18. Diesen Platz suchst du auch für die beste Aussicht und einen Whiskey auf 19 20. Geh dann durch die New Church Street in die Bow Street. Weiter geht's nach rechts durch die May Lane und abermals nach rechts in die Church Street. Geh Richtung Liffey, dann links in den Arran Quay. Geh vorbei am imposanten Justizgebäude 21 und biege in die bunte Capel Street links ab, um lecker zu essen und besondere Souvenirs zu kaufen 22 23 24 25 26 27 28 29. Laufe bis ans Ende der Capel Street, biege rechts in die Bolton Street und dann links in die Henrietta Street ab, wo du Gebäude im georgianischen Stil 30 siehst. Geh durch die Capel Street zurück und biege links zu den Vintage-Läden und zu einer Bar in einer Kirche in die Mary Street ab 31 32. Laufe zurück zum Liffey zu einem schönen Bücherladen und einer weltbekannten Brücke 33 34. Das Ziel liegt am Boardwalk 35.

SEHENSWÜRDIGKEITEN

(2) Vom Botanischen Garten kommst du direkt zum **Glasnevin Cemetery**, dem größten Friedhof Dublins. Es ist zugleich die letzte Ruhestätte vieler Helden der irischen Geschichte. Obwohl der Friedhof immer noch in Gebrauch ist, stammen große Teile aus dem viktorianischen Zeitalter mit beeindruckenden Grabsteinen und Mausoleen. Wenn du magst, kannst du eine Führung buchen.
Glasnevin Cemetery, Dublin 11, www.dctrust.ie/experience-glasnevin.html, Tel. 018826550, tgl. 9.00–17.00 Uhr, Eintritt kostenlos, Führungen auf Anfrage, Bus 40, 140 Glasnevin Cemetery

(13) In diesen prächtigen ehemaligen Baracken (Collins Baracks) aus dem Jahr 1704 befindet sich jetzt das **National Museum of Ireland for Decorative Arts & History**. Jahrhundertelang wurde der Komplex von der britischen Armee verwendet, die hier lange das Sagen hatte. Um einen Eindruck vom langen Weg zur Unabhängigkeit Irlands zu bekommen, kannst du dir die Ausstellung *Proclaiming a Republic: The 1916 Easter Rising* ansehen. Beeindruckend sind die Briefwechsel zwischen den Anführern des Aufstands und ihren Lieben.
Collins Barracks, Benburb Street, Dublin 7, www.museum.ie/decorative-arts-history, Tel. 016777444, Di–Sa 10.00–17.00, So 14.00–17.00 Uhr, Eintritt kostenlos, Luas Museum

(21) Seit 1802 ist die irische Justiz in den **Four Courts** am Liffey untergebracht. Dieses beeindruckende Gebäude wurde ebenso wie The Custom House vom englischen Architekten James Gandon entworfen. Die Kuppel war bis 1812 das Archiv für Gerichtsurteile, doch als dieses ein Gesamtgewicht von 52 Tonnen erreichte, mussten die Akten an einen anderen Ort gebracht werden, da das Gebäude unter der Last einzustürzen drohte. Während des Irischen Bürgerkriegs wurde die Kuppel zerstört, doch anschließend wieder restauriert.
Inns Quay, Dublin 7, www.courts.ie/four-courts, Tel. 018886000, Mo–Fr 9.00–18.00 Uhr, Führungen auf Anfrage, Eintritt kostenlos, Luas Four Courts

(30) **Henrietta Street** war die erste Straße in Dublin, die im georgianischen Stil errichtet wurde. Sie sollte danach noch lange als Vorbild für andere Bauwerke in der Stadt dienen. Im 18. Jahrhundert war dies die vornehmste Gegend der Stadt und

21

30

jeder, der etwas auf sich hielt, wollte hier wohnen. Am Ende der Straße kannst du noch immer die Rückseite der Law Library von 1541 erkennen, die zur Juristischen Fakultät des King's Inn gehört. Ein Prachtbau mit kleinem Park. Im 19. Jahrhundert zog die Elite in den Süden der Stadt, wodurch Henrietta Street langsam verfiel. Erst seit ein paar Jahren werden die Gebäude schrittweise saniert.
Henrietta Street, Dublin 1, Luas Dominick, Luas Jervis

(34) Bevor **Ha' Penny Bridge** 1816 gebaut wurde, konnte man den Liffey nur mit der Fähre überqueren. Die Boote waren in sehr schlechtem Zustand, ehe Eigentümer William Walsh den Auftrag erhielt, diese zu sanieren – oder eine Brücke zu bauen. Er hat sich für Letzteres entschieden und durfte von jedem Passanten einen *ha'penny* (einen halben Penny) Maut nehmen. Obwohl das die Leute heute nicht mehr arm machen würde, wurde die Regel 1919 aufgehoben.
Bachelors Walk, Dublin 1–2, www.bridgesofDublin.ie, Luas Jervis, Luas Westmoreland

ESSEN & TRINKEN

③ Die italienischen Schwestern im **The Bernard Shaw** sind sehr innovativ und haben nun nach einem Biergarten und einem Pizza-Bus den **Eat Yard** eröffnet. Inzwischen ist The Bernard Shaw gemeinsam mit dem Eat Yard in den hippen Norden Dublins umgezogen. Das Konzept aber ist unverändert: Du kannst gut auf einen Drink und einen Snack vorbeikommen, in der Bar tanzen und die leckersten Burger, knusprigsten Pizzen und *Grilled-Cheese*-Sandwiches bestellen. Vor allem bei gutem Wetter eine echte Empfehlung. Schau auf der Website nach Festivals und Freiluft-Events.

Cross Guns Bridge, Glasnevin, Dublin 9, thebernardshaw.com, Tel. 019060218, Mo–Fr 12.00–23.30, Sa–So 10.00–23.30 Uhr, Preis 10 €, Bus 4, 9, 83, 83a, 140, 155 Munster Street

④ Die Dubliner haben den Brunch zu einer Kunstform erhoben. Eine gute Location hierfür ist **Two Boys Brew**. Diese Kaffeebar ist der perfekte Ort, um dich nach einem Besuch der National Botanic Gardens zu erholen. Der Kaffee ist legendär und die kreativen Gerichte wechseln mit den Jahreszeiten. Witziges Detail: Am Wochenende gibt es eine andere Karte als während der Woche.

375 North Circular Road, Dublin 7, twoboysbrew.ie, Mi–Fr 7.30–15.30, Sa–So 9.00–16.00 Uhr, Preis Lunch 13,50 €, Bus 4, 9, 40, 83, 140, 155 North Circular Road

⑤ **The Back Page** ist eine irische Pizzeria, in der alle Pizzen nach irischen Berühmtheiten benannt sind. Nicht alle Namen sind einfach auszusprechen, aber das macht die Pizzen nicht weniger gut. Achtung: Zu irischer Pizza gehört eine Sauce zum Dippen. Erst probieren und dann meckern. An der Außenwand der Gebäude übrigens befindet sich ein beeindruckendes Graffiti von Katie Taylor, einer irischen Boxerin.

199 Phibsborough Road, Phibsborough, Dublin 7, onthebackpage.com, Tel. 015355941, tgl. 12.00–23.00 Uhr, Preis 14 €, Bus 4, 9, 83, 14, 155 Monck Place

⑥ „A drinking pub with a music problem." So lautet die Selbstbeschreibung von **The Cobblestone**. Jeden Abend gibt es hier Livemusik. Mittwochs versammeln sich Locals und Studenten im hinteren Saal, wo die Tochter des Besitzers den Anwesenden vieles über irische Musik erzählt. Wer mag, kann ein Instrument ausprobieren, dann wird gemeinsam musiziert, gespielt, erzählt, getrunken und (manchmal) getanzt. Irischer geht es nicht.

77 King Street North, Dublin 7, www.cobblestonepub.ie, Tel. 018721799, Mo–Do 16.00–23.30, Fr–Sa 16.00–0.30, So 13.30–23.00 Uhr, Preis für einen Pint 7 €, Luas Smithfield

⑦ Für seine gesunde Küche ist Irland nicht unbedingt bekannt. Doch auch das ändert sich langsam. Die Eigentümer von **KALE+COCO** etwa haben sich auf Reisen in ferne Länder Inspiration für gesunde Küche geholt. Das Ergebnis ist ein Health-Food-Lokal mit Buddha-Bowls, Kaffee und Snacks, die allesamt vegan sind. Besonders gut sind die Smoothies und die Buddha-Bowls mit viel Obst und anderen gesunden Zutaten.

18 Grangegorman Lower, Dublin 7, www.kaleandcoco.com, Di–Fr 8.00–15.00, Sa 9.00–15.00 Uhr, Preis 12 €, Luas Smithfield Square

⑩ Lust auf irisches *Pub Food, Pints*, Cocktails und *Boozy Hot Chocolate*? Schau dann mal in die Viertelskneipe **L. Mulligan Grocer** rein, um Kohlenhydrate zu tanken. In diesem sehr traditionellen Pub kannst du dir zum Beispiel köstliche *Scotch Eggs* oder *Fish and Chips* bestellen. Sonntags gibt es darüber hinaus einen typischen *Sunday Roast*. Im Sommer lockt ein Biergarten.

18 Stoneybatter, Dublin 7, lmulligangrocer1.weebly.com, Tel. 016709889, Do–Fr 16.30–23.00, Sa 12.30–23.00, So 12.30–20.00 Uhr, Preis 16,50 €, Luas Smithfield Square

⑪ Bei **Love Supreme** gibt es köstlichen Kaffee, aber das Beste ist das Weinkonzept. Es werden gute Bioweine angeboten, die du in Glasflaschen mitnehmen kannst, für die du Pfand zahlst. Dieses bekommst du bei Rückgabe der Flaschen natürlich zurück, oder du lässt die Flaschen gleich wierder neu befüllen. Es gibt auch leckere *Sausage Rolls* und vegetarische Snacks.

57 Manor Street, Dublin 7, www.lovesupreme.ie, Mo–Fr 8.00–16.00, Sa–So 8.00–17.00 Uhr, Preis 8 €, Bus 37, 39, 391, 39x, 70 Manor Street

⑭ Wenn du klassische Bistroküche mit einem irischen Dreh suchst, bist du bei **Wuff** richtig. In Gesellschaft vieler Locals kannst du Ribeye-Steak oder Hühnchen-Cordon-Bleu bestellen, wobei du die Käseplatte nicht auslassen solltest. Die Einrichtung ist gradlinig mit Stühlen aus Stahl und Industrielampen, wobei

24
BULLET
DUCK & DUMPLINGS
港 式 烧 臘 店

7

11

16

4

29

32

5

3

die Atmosphäre trotzdem höchst gemütlich ist. Du kannst hier brunchen oder einfach auf einen Kaffee mit Kuchen vorbeikommen.

23 Benburb Street, Dublin 7, www.wuff.ie, Tel. 016337959, Mo–Mi 8.00– 16.00, Do–Fr 8.00–16.00 & 17.30–23.00, Sa 10.00–16.00 & 17.30–23.00, So 10.00–16.00 Uhr, Preis 19,50 €, Luas Smithfield

(16) Kaffee in vielen Sorten und Gebäck mit aparten Geschmackskombinationen (und Namen) sind die Kernkompetenzen von **Proper Order**. Das Cardi B, ein briocheartiges Sandwich mit Rosenzuckersirup und Kardamom, steht immer auf der Karte, die anderen Sandwiches und Backwaren wechseln täglich. Beeindruckend ist zudem die Street-Art an den Außenwänden des Gebäudes, sowohl neben dem Take-away-Fenster wie auch an der Rückseite.

7 Haymarket, Dublin 7, www.properordercoffeeco.com, tgl. 8.00–16.00 Uhr, Preis Kaffee 3 €, Luas Red Line, Smithfield Square

(18) Brettchen statt Teller und Drinks aus einem Marmeladenglas? Aufgrund dieses Konzepts ist das Barbecue-Restaurant **My Meat Wagon** vielleicht nicht jedermanns Sache, doch „das ungewöhnliche Geschirr" wird hier durch das perfekt gegrillte Fleisch und den guten Service mehr als ausgeglichen. Darüber hinaus sind auch die Preise freundlich.

Smithfield Market Square, Dublin 7, www.mymeatwagon.ie, Tel. 018748172, Mo–Fr 12.30–22.00, Sa–So 13.00–22.00 Uhr, Preis 17 €, Luas Smithfield

(22) Für hippe Dubliner ist **Brother Hubbard** *the place to be*. Es wird abwechslungsreiches Essen angeboten. Die Besitzer haben die ganze Welt bereist und die Aromen mit nach Dublin gebracht. Das Lokal ist auch für seinen Ganztages-Brunch bekannt. Die Wahl zwischen den perfekt pochierten Eiern mit Avocado und den goldbraunen Griesmehlpfannkuchen mit frischem Obst und Mousse von weißer Schokolade ist ganz schön schwer. 2018 durfte sich das Lokal mit dem Schild mit der Aufschrift „Bestes Frühstückslokal Irlands" schmücken.

153 Capel Street, Dublin 1, www.brotherhubbard.ie, Tel. 014411112, Mo 7.30–16.30, Di–Sa 9.00–22.00, So 9.00–16.30 Uhr, Preis 8 €, Luas Jervis

(23) Dieser Traditionspub besitzt eine *early house license*. Deshalb fließt das Bier schon ab 7 Uhr morgens aus dem Zapfhahn. Heute werden solche Lizenzen

nicht mehr vergeben, weshalb Pubs dieser Art immer seltener werden. Zum Glück serviert **Slattery's Bar** um diese Zeit auch ein gewöhnliches Frühstück, was Touristen, Locals und Nachtarbeiter gleichermaßen zu schätzen wissen. Ein Teil des Pubs ist dem Osteraufstand von 1916 gewidmet, hier kannst du also einen geschichtsträchtigen *Pint* zu dir nehmen.

129 Capel Street, Dublin 1, slatterys.bar, Tel. 018746844, Mo–Do 7.00–23.30, Fr–Sa 7.00–0.30, So 12.00–23.00 Uhr, Preis Pub Food 16,50 €, Pint 5 €, Luas Jervis

(24) Dieser winzige Laden ist das beste asiatische Restaurant rund um Capel Street. Die Enten, die hier im Schaufenster zu sehen sind, machen dem Namen alle Ehre. De facto gibt es bei **Bullet Duck & Dumplings** nur zwei Dinge, die aber sind extrem gut: Dumplings und Ente. Beide sind in verschiedenen Varianten erhältlich, die allesamt gleich gut schmecken. Schönes Detail: Das Personal weiß über alle Zutaten genau zu berichten, wo diese herkommen.

27 Little Mary Street, Dublin 7, bulletrestaurantco.ie, Tel. 018720099, Mo–Do & So 12.00–21.00, Fr–Sa 12.00–22.00 Uhr, Preis 13 €, Luas Red Line, Jervis Street

(25) Die **Hacienda Bar** versteckt sich in der Nähe der alten Markthallen in einem wenig touristischen Viertel. Es ist der ideale Ort für alle, die mal etwas anderes möchten: Hier bist du allein unter Locals. Wenn du reinwillst, musst du klingeln und ein paar einfache Fragen beantworten. Einmal drinnen, triffst du den geselligen, leicht exzentrischen Eigentümer und trinkst deine *Pints* in einem unbekannten Dublin.

15 Little Mary Street, Dublin 7, Tel. 018730535, tgl. 20.30–0.00 Uhr, Preis Pint 5,50 €, Luas Jervis Street

(27) In einem charakteristischen Bau mit farbenfrohem Giebel findest du das **Krewe**. Das Restaurant ist mit allerlei verrückten Tapeten und Neonschildern dekoriert und allein deshalb schon den Besuch wert. Du kannst hier kreolisch inspirierte Küche mit einem irischen Dreh verkosten. Ganz wunderbar sind das Jambalaya oder die *Blackened Fish Tacos*. Auch die Desserts solltest du dir keinesfalls entgehen lassen! Genauso für einen Drink am späten Nachmittag ist dies ein prima Ort.

51–52 Capel Street, Dublin 1, www.krewe.ie, Tel. 015328845, Mo–Di 15.00–22.00, Mi–So 12.00–22.00 Uhr, Preis 20 €, Luas Red Line, Jervis Street

(28) **The Black Sheep** ist ein großer, modern aussehender Pub in einem schönen Eckgebäude. Die Kneipe gehörte zu den Ersten, die 2011 in der Gegend der Capel Street aufgemacht haben. Aus dem Zapfhahn kommen diverse Craftbiere, darunter vier glutenfreie Gerstensäfte. Zudem gibt es *Pub Food* modern interpretiert.
61 Capel Street, Dublin 1, www.galwaybaybrewery.com/blacksheep, Tel. 018730013, Mo–Sa 10.30–23.30, So 12.00–23.30 Uhr, Preis Pub-Mahlzeit 12 €, Luas Jervis

(29) Das gemütliche **Mish.Mash** liegt etwas versteckt am Ende einer Straße. Es ist Kneipe, Geschäft, Mini-Galerie und Veranstaltungsort für Workshops zugleich. Der Laden wird von zwei freundlichen Schwestern geführt, die besondere Tee- und Kaffeesorten und hausgemachten Kuchen servieren. Der Apfel-Zimt-Kuchen ist der beste der Stadt. Auf der Lunchkarte stehen diverse Salate und Suppen. Das Interieur von Mish.Mash ist mit viel Bedacht ausgesucht und die Kunstwerke an den Wänden stehen zum Verkauf.
66 Capel Street, Dublin 1, mishmashDublin.business.site, Tel. 0851363638, Mo–Do 12.00–0.00, Fr–Sa 12.00–1.00, So 12.00–23.30 Uhr, Preis Kaffee & Kuchen 7 €, Luas Jervis

8

31

9
LILLIPUT
STORES

26
Handmade goods!

(32) Die Kirche aus dem 18. Jahrhundert wurde 1964 geschlossen. Danach stand das Gebäude lange leer. Erst 1997 wurde der Bau komplett saniert, um danach als **The Church Bar & Restaurant** einigen Ruhm zu erlangen. Die Renovierung ist auf sehr geschmackvolle Weise gelungen, die Orgel komplett restauriert und sogar die Zehn Gebote sind noch an der Wand zu sehen. The Church besteht aus verschiedenen Teilen: Im Keller gibt es einen Nachtclub und draußen einen Biergarten, während an der Bar tolle Cocktails und leckere Häppchen serviert werden.
Ecke Mary Street / Jervis Street, Dublin 1, www.thechurch.ie, Tel. 018280102, Mo–Do & So 10.30–0.00, Fr–Sa 10.30–2.30 Uhr, Preis Lunch 10 €, Diner 25 €, Luas Jervis

SHOPPEN

(8) Alles, was gedruckt werden kann, wird bei **Damn Fine Prints** auch gedruckt. Das Geschäft befindet sich in einer alten Fabrik im hippen Smithfield, wo es Künstlern aus der Region Platz bietet, ihre Siebdrucke herzustellen und zu drucken. Jeder dürfte hier etwas Originelles finden – sei es ein Kunstwerk zum Aufhängen daheim oder die Teilnahme an einem Siebdruck-Workshop.
32 Brunswick Street North, Dublin 7, damnfineprint.com, Tel. 0830259548, Mo–Fr 10.00–18.30 Uhr, Luas Smithfield Square

(9) **Lilliput Stores** ist ein kleines Geschäft mit lokalen Produkten, wo man so ziemlich alles mit nach Hause nehmen möchte. Darüber hinaus kannst du dir hier einen wunderbaren Picknickkorb zusammenstellen lassen – ideal für eine Pause im Phoenix Park. Das Mittagsmenü wechselt regelmäßig und ist dabei immer äußerst kreativ.
5 Rosemount Terrace, Dublin 7, www.lilliputstores.com, Tel. 016729516, Mo–Sa 8.30–17.00, So 10.00–17.00 Uhr, Luas Smithfield Square

(26) Das Geschäft und Studio von **Arran Street East** verkauft prächtige handgemachte Service. Die Qualität der modernen Kreationen kannst du vor Ort direkt testen, denn die Crew serviert auch wunderbaren Kaffee aus den eigenen Tassen. Inspiriert? Dann buche vor Ort einen Töpfer-Workshop an der Drehscheibe.
1 Little Green Street, Dublin 7, arranstreeteast.ie, Tel. 0838146672, Do–Fr 12.00–16.00, Sa–So 11.00–13.00 Uhr, Luas Red Line, Four Courts

(31) Das farbenfrohe Ladenlokal von **Nine Crows Vintage** ist in Dublin ein Begriff. Hier findest du keine (großen) Marken, sondern originelle, bunte Stücke zur Auffüllung deiner Garderobe. So ist die Chance groß, dass du das Geschäft mit etwas Schönem wieder verlässt. Doch der Laden ist so originell eingerichtet und organisiert, dass der Besuch auch ohne Kauf lohnt. Wenn du hier nichts findest, wartet in Temple Bar (22 Temple Lane South) auch noch ein Flagship-Store.
8 Mary Street, Dublin 1, www.shopninecrows.com, Tel. 015510223, Mo & So 12.00–18.00, Di–Mi & Fr–Sa 11.00–19.00, Do 11.00–20.00 Uhr, Luas Jervis Street

(33) **The Winding Stair** ist soweit bekannt die älteste Buchhandlung Dublins: Alle großen irischen Schriftsteller sind hier ein- und ausgegangen. In den Regalen findest du denn auch vor allem irische Bücher. In der Kinderbuchabteilung gibt es wunderbare Souvenirs. Das Schöne ist, dass die Verkäufer selbst sehr viel lesen und entsprechende Freude daran haben, die richtigen Werke für dich auszusuchen. Mit oder ohne Kaffee dazu. Was nicht jeder weiß: Im Obergeschoss gibt es ein gutes Restaurant mit traditioneller irischer Küche. Die Gerichte scheinen direkt von Großmutters Herd zu kommen.
40 Ormond Quay Lower, Dublin 1, www.winding-stair.com, Tel. 018726576, Mo & Fr 10.00–18.00, Sa 10.00–19.00, So 12.00–18.00 Uhr, Luas Jervis Street

FREIZEITTIPPS

(1) Die **National Botanic Gardens** liegen etwas außerhalb des Zentrums. Sie bilden das ganze Jahr über eine herrliche Kulisse für Spaziergänge. Das größte Zugpferd sind die viktorianischen Gewächshäuser mit Pflanzen aus der ganzen Welt. Obwohl Gärten und Gewächshäuser vor allem im Sommer schön sind, kannst du dich auch bei weniger gutem Wetter hier vergnügen.
National Botanic Gardens, Dublin 11, www.botanicgardens.ie, Tel. 018040300, im Sommer Mo–Fr 10.00–17.00, Sa–So 10.00–18.00, im Winter tgl. 10.00–16.30 Uhr, Eintritt kostenlos, Bus 83, 83a Botanic Gardens

(12) Wenn das Wetter passt, solltest du unbedingt **Phoenix Park** aufsuchen, den größten Stadtpark Europas. Du kannst hier wunderbar radeln; dabei passierst du das Haus des irischen Präsidenten, den Zoo, ein großes Rudel wilder Hirsche, ein

Schlösschen sowie einen Blumengarten mit viktorianischen Gemäuern. Jetzt hast du Durst? Dann leg in der schattigen Teekoppel neben dem Zoo einen Stopp ein.
Phoenix Park, Dublin 7, Luas Heuston Station

⑮ Das **Token** ist vollgepackt mit Retro-Videospielen und Flippern. Du kaufst dir die Tokens (als Spielmarken) an der Bar, um anschließend nach Herzenslust in (Jugend-)Erinnerungen zu schwelgen. Vor allem der Mario Kart mit „echten" Autos und die Dance Dance Revolution sind Lieblinge der Massen. Ein guter Ort auch für *Junkfood* mit veganen Optionen. Außerdem gibt es sehr gute Cocktails.
72–74 Queen Street, Smithfield, Dublin 7, tokenDublin.ie, Tel. 015322699, Do–So 16.00–23.00 Uhr, Preis 12,50 €, Luas Red Line, Smithfield Square

⑰ Von Arthouse bis zu Blockbustern ist das Angebot bei **The Lighthouse Cinema** groß. Informiere dich auf der Website über Themenwochen oder Interviews mit Regisseuren. Nach dem Film geht es dann ins stilvolle Café.
Market Street South, Dublin 7, www.lighthousecinema.ie, Tel. 018728006, Programm auf der Website, Eintritt 11 €, Luas Smithfield

19
Amazing views!

⑲ Am Smithfield Square wurde früher mit Vieh gehandelt. Dies zeigt sich noch immer an den steinernen Futtertrögen, die dort stehen. An dem Platz findest du auch den **Jameson Tower**, der zur alten Jameson Distillery gehört. Der Turm mit seiner 360-Grad-Plattform bietet dir die beste Aussicht über Dublin.

Arran Quay, Dublin 7, Mo–Sa 10.00–17.00, So 11.00–17.30 Uhr, Eintritt 5 €, Luas Red Line, Smithfield Square

⑳ Die beiden bekanntesten irischen Exportgüter sind Guinness und Whiskey. In der **Old Jameson Distillery** kommst du in den Genuss einer Führung mit Erklärungen zum Herstellungsprozess von Whiskey. Natürlich darfst du das Endprodukt auch probieren. Als echter Whiskey-Fan solltest du die Hand heben, wenn dabei nach Freiwilligen gefragt wird – vielleicht bringst du es so zu deinem Whiskey-Verkostungsdiplom. Wusstest du übrigens, dass die Iren Whiskey im Gegensatz zu den Schotten mit „e" schreiben?

Bow Street, Dublin 7, www.jamesonwhiskey.com, Tel. 018072355, Mo–Do & So 10.00–17.30, Fr–Sa 10.00–19.00 Uhr, Eintritt mit Führung 25 €, Luas Smithfield

㉟ Der Fluss Liffey spielt im Stadtleben der Dubliner eine wichtige Rolle, eine Uferwanderung ist immer drin. Früher ging das nicht anders, als direkt neben der viel befahrenen Straße zu laufen. Doch jüngst wurde extra für Fußgänger der **Liffey Boardwalk** angelegt: zwei Wege aus Holzplanken direkt über das Wasser. Unterwegs hast du einen wunderbaren Blick auf die Brücken, die Südseite der Stadt und das Wasser.

Ormond Quay Lower, Dublin 1, Luas Jervis, Luas Westmoreland

ROUTE 2

SANDYMOUNT, DOCKLANDS & IFSC

INFOS ZUR ROUTE

Dieser Spaziergang lebt von den Kontrasten zwischen dem geschäftigen Stadtleben in den Docklands oder dem IFSC und dem pittoresken Sandymount für das perfekte Wochenendgefühl. Auch ist diese Wanderung wunderbar, wenn du Dublin schon zu kennen glaubst, denn sie führt über unbekannte Pfade.

DIE VIERTEL

Sandymount war ursprünglich das Viertel, wo die reichen Dubliner gewohnt haben. Wer möchte es ihnen verdenken, befindet man sich doch hier direkt am Strand. Dies zeigt sich auch am Baustil der viktorianischen Häuser. Heute ist Sandymount noch immer wohlhabend, es ist bei den Dublinern vor allem am Wochenende beliebt, weil sie hier erfrischende Wanderungen zum Beispiel zum **Poolberg Lighthouse** auf dem Pier unternehmen können.

In der Nähe von Sandymount wurde ein Teil des historischen Hafens in die modernen **Docklands** umgewandelt, die im Volksmund auch **The Silicon Docks** heißen. Auf einer Fläche von gut 3 Quadratkilometern haben sich hier viele amerikanische Techfirmen niedergelassen, darunter Google, Facebook, LinkedIn und Airbnb. Das Viertel ist jung, international und lebendig. Tagtäglich öffnen neue Geschäfte oder Cafés ihre Pforten. Als wäre das nicht genug, befindet sich der Strand direkt um die Ecke.

Das Herz des Viertels ist unverkennbar **Grand Canal Square**. Die roten Säulen hier werden abends erleuchtet, was die gradlinige moderne Umgebung mit einem Schlag viel gemütlicher macht. Nach der Eröffnung des **Bord Gáis Energy Theatre** haben in der Gegend viele Restaurants und Pubs aufgemacht.

Weiter in Richtung Osten liegt im alten Hafengebiet das Geschäftsviertel **IFSC**. Hier stößt du auch auf das erste echte Hochhaus Dublins. Moderne Büros bilden einen sehenswerten Kontrast zu restaurierten Packhäusern wie dem CHQ Building am Liffey. Gemeinsam mit The Custom House markiert dieses einen Verweis auf den Handelsgeist der irischen Hauptstadt.

Auch der bewegten irischen Geschichte kommt eine prominente Rolle im Straßenbild zu. So spielte das **General Post Office** eine wichtige Rolle bei dem blutigen Kampf um die Unabhängigkeit des Landes. Das Areal rund um **Parnell Square** verweist auf ehrwürdige Weise auf diese Zeit.

WENIG ZEIT? DAS SIND DIE HIGHLIGHTS:
EPIC IRELAND + CHARLOTTE QUAY + HUGH LANE GALLERY + KIMCHI HOPHOUSE + POOLBERG LIGHTHOUSE PIER WALK

TIPPS

// Fahr die Route mit dem Rad // Am Sonntag schön, weil dann der Herbert Park Food Market geöffnet ist // Lass dir am Strand den Wind um die Nase blasen

SANDYMOUNT, DOCKLANDS & IFSC

1. Havana
2. Herbert Park Food Market
3. The Butler's Pantry
4. MiraMira
5. BuJo
6. Poolberg Lighthouse Pier Walk
7. Grand Canal
8. Osteria Lucio
9. Charlotte Quay
10. Il Valentino
11. Grand Canal Square
12. Gerard's Deli
13. Brewdog Dublin Outpost
14. Diving Bell
15. Samuel Beckett Bridge
16. J2 Grill & Sushi
17. The Jeanie Johnston
18. CHQ Building
19. EPIC Ireland
20. Harbour Master Bar & Restaurant
21. Famine Sculptures
22. The Custom House
23. General Post Office
24. Millennium Spire
25. The Parnell Heritage Bar & Grill
26. Mr Fox
27. Hugh Lane Gallery
28. Dublin Writers Museum
29. Chapter One
30. Garden of Remembrance
31. Parnell Monument
32. Kimchi Hophouse
33. Salsa
34. The Big Romance

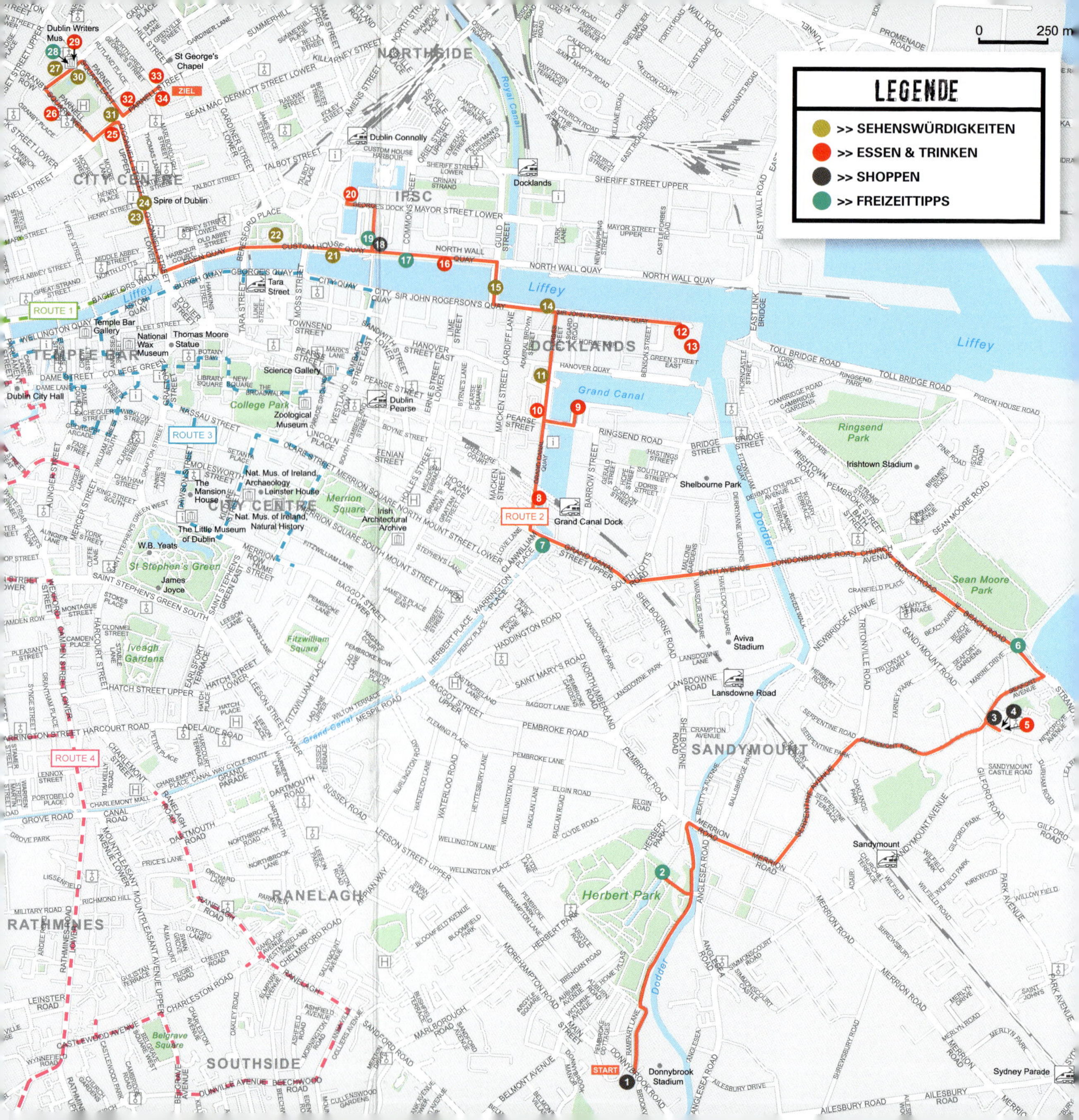

LEGENDE
>> SEHENSWÜRDIGKEITEN
>> ESSEN & TRINKEN
>> SHOPPEN
>> FREIZEITTIPPS
0
250 m
NORTHSIDE
CITY CENTRE
IFSC
DOCKLANDS
TEMPLE BAR
SANDYMOUNT
RANELAGH
RATHMINES
SOUTHSIDE
Liffey
Grand Canal
Royal Canal
Dodder
ROUTE 1
ROUTE 2
ROUTE 3
ROUTE 4
START
ZIEL
Dublin Writers Mus.
St George's Chapel
Spire of Dublin
Dublin Connolly
Docklands
Tara Street
Temple Bar Gallery
National Wax Museum
Thomas Moore Statue
Dublin City Hall
Science Gallery
College Park
Dublin Pearse
Zoological Museum
Nat. Mus. of Ireland, Archaeology
Leinster House
The Mansion House
Nat. Mus. of Ireland, Natural History
The Little Museum of Dublin
Merrion Square
Irish Architectural Archive
W.B. Yeats
St Stephen's Green
James Joyce
Iveagh Gardens
Fitzwilliam Square
Grand Canal Dock
Ringsend Park
Irishtown Stadium
Shelbourne Park
Sean Moore Park
Aviva Stadium
Lansdowne Road
Herbert Park
Donnybrook Stadium
Sandymount
Sydney Parade
Belgrave Square

BESCHREIBUNG ROUTE 2 (ca. 11 km)

Starte den Spaziergang im Modewalhalla Havana 1. Überquere die Straße und geh in die Eglinton Terrace. Am Ende der Straße biegst du links in den Park ab 2. Geh zurück und folge dem Weg bis zur Pembroke Road, wo du rechts abbiegst. Geh am markanten RDS Building vorbei und biege links in die Serpentine Avenue ein. Am Kreisverkehr biegst du rechts ab und gehst bis Sandymount Green, wo du coole Geschäfte und Restaurants findest 3 4 5. Geh noch ein Stückchen durch zur Seaford Avenue. Laufe nun durch bis zum Strand für ein wenig Erfrischung 6. Den Weg zum Pier findest du an der Nordseite von Sandymount Beach. Anschließend setzt du den Weg rechts in der Beach Road fort, um danach links in die Church Road abzubiegen. Geh geradeaus, bis du am Fluss Dodder ankommst. Überquere den Dodder und blicke links auf das markante Aviva Stadium, wo Sportwettkämpfe und Konzerte stattfinden. Laufe bis zur Kreuzung weiter und biege rechts in die Grand Canal Street Upper ein. Schau dir die Schleusen an und überquere den Grand Canal 7. Nun geht es rechts zur Clanwilliam Terrace und du befindest dich auf einmal in „The Silicon Docks", wo du irisch-italienisch isst 8. Laufe weiter bis zum Grand Canal Square, wo viele Tech-Yuppies arbeiten, leben, essen und trinken 9 10 11 12 13 14. Überquere den Liffey über die weithin sichtbare Brücke 15. Ein Stückchen weiter am Ufer isst du mit Blick aufs Wasser 16 und besuchst ein Schiff 17. Rechts siehst du dann das CHQ Building 18. Geh hinein und besuch die Geschäfte und eine interaktive Ausstellung 19. Am Hinterausgang gönnst du dir einen Drink 20. Zurück am Liffey, setzt du den Weg vorbei an beeindruckenden Statuen fort 21. Rechts blickst du nun auf das Custom House 22, ehe du nach rechts in die O'Connell Street abbiegst. Links erkennst du das historische General Post Office 23. Ungefähr auf halber Strecke baut sich der Millennium Spire 24 auf. An der Parnell Street biegst du links zum Rotunda Hospital ab, wo du authentisch irisch isst 25. Geh nun nach rechts für eine wunderbare Mahlzeit 26 und abermals nach rechts, wo du auf irische und internationale Kunst 27, das Schriftstellermuseum 28 und vornehme Restaurants 29 triffst. Mehr Kultur findest du, wenn du nochmals nach rechts gehst 30 31. Beweg dich nun nach links, um den Tag mit asiatischem Essen und Hipster-Bars abzuschließen 32 33 34.

SEHENSWÜRDIGKEITEN

⑪ Die amerikanische Landschaftsarchitektin Martha Swartz entwarf 2007 das vielleicht innovativste irische Gartenbauprojekt aller Zeiten: **Grand Canal Square**. Der Platz ist das pulsierende Herz der Docklands. Eine Art Läufer zieht sich hier diagonal über das Areal zum modernen Bird Gáis Energy Theatre. Vor allem die Mitarbeiter der sogenannten Silicon Docks treffen sich hier gerne zum Mittagessen, um Sport zu treiben oder den Tag in der Sonne ausklingen zu lassen. An der Nordseite des Platzes thront das hippe The Marker Hotel, dessen Rooftop Bar du nicht verpassen solltest.

Grand Canal Square, Dublin 2, DART Grand Canal Dock

⑭ Der Hafeningenieur Blindon Blood Stony hat **Diving Bell** 1828 entworfen, um die Uferbefestigungen des Liffey anlegen zu können. Indem er die Tauchglocke unter Wasser hat gleiten lassen und mit Pressluft gefüllt hat, ist dort der erforderliche Platz zum Arbeiten entstanden. Erst Jahre später stellte sich heraus, dass sich viele Taucher dabei die sogenannte Caisson-Krankheit zugezogen haben. Die Originaltauchglocke am Sir Rogerson's Quay ist jetzt ein bemerkenswert interessantes maritimes Mini-Museum.

Sir Rogerson's Quay, Grand Canal Dock, Dublin 2, www.Dublinport.ie, Luas Spencer Dock, DART Grand Canal Dock

⑮ Die **Samuel Beckett Bridge** erinnert Kenner an die Erasmusbrücke in Rotterdam. Die 2009 vollendete Brücke über den Liffey geht auf den Spanier Santiago Calatrava zurück und soll an das irische Nationalsymbol erinnern: eine Harfe. Die Brücke wurde nach einem der bedeutendsten irischen Schriftsteller benannt. Über ein Drehgestell am Fuß der Brücke lässt sich die gesamte Anlage um 90 Grad drehen. Bis heute erweist sie sich als Blickfang.

Spencer Dock, Dublin 1, www.bridgesofDublin.ie, Luas Mayor Square

㉑ Auf eindringliche Weise zeigen die **Famine Sculptures**, wie die Einwohner Dublins während der Hungersnot des 19. Jahrhunderts zum Hafen stolperten. Sie hofften dort auf Essen oder auf einen Platz an Bord eines Schiffs in die USA. Während The Great Famine (aufgrund der missglückten Kartoffelernten der Jahre 1845–50) starben mehr als eine Million Iren vor Hunger. Die Statuen hat der

11

30

27

㉑

Künstler Rowan Gillespie errichtet. Auf Plaketten sind die Namen der Berühmtheiten zu sehen, die sie 1997 der Stadt vermacht haben.

Custom House Quay, Dublin 1, DART Connolly, Tara Street

㉒ Vor rund 200 Jahren wurde **The Custom House** nach Plänen des Engländers James Gandon gebaut. Von hier aus konnte der Zoll alle nach Dublin einfahrenden Schiffe kontrollieren. Die Iren haben das vor allem als Symbol der britischen Macht gewertet. Wohl auch deshalb hat die IRA den Bau 1921 angegriffen und nach heftigen Gefechten angezündet. Während der gründlichen Sanierung wurde später auch die eingestürzte Kuppel neu errichtet.

Custom House Quay, Dublin 1, Tel. 018882000, tgl. 9.00–17.00 Uhr, Eintritt kostenlos, DART Tara Street

㉓ Bei der Entstehung der Republik Irland spielte das **General Post Office** eine zentrale Bedeutung. So verlas Patrick Pearse am Ostersonntag 1916 vor dem Gebäude, in dem sich das Hauptquartier der Rebellen befand, die Unabhängigkeitserklärung. Die Hinrichtung unter anderem dieses Patrick Pearse führte zu

einem großen Aufstand der Iren gegen die britischen Besatzer. In dem Gebäude, das noch immer als Postfiliale fungiert, wird diese Geschichte mithilfe von Gemälden erzählt. Anlässlich des 100-jährigen Jahrestags des Osteraufstands hat ein interaktives Museum eröffnet.
O'Connell Street Lower, Dublin 1, www.gpowitnesshistory.ie, Tel. 017058833, Mo–Sa 10.00–17.30, So 12.00–17.30 (letzter Einlass 16.30 Uhr), Eintritt 15 €, Luas Gpo, Luas Marlborough

(24) Der 120 Meter hohe **Millennium Spire** wurde anlässlich des Jahrtausendwechsels errichtet, war aber gemäß einer guten irischen Tradition erst 2003 fertig. Die Skulptur ist wie so viele andere Opfer zahlreicher Kosenamen. Sie wird unter anderem „Stiffy on the Liffey", „the pole in the hole", „the erection of the intersection" und „the stiletto in the ghetto" genannt. Auch sollte der Spire aus rostfreiem Stahl hergestellt sein, doch nichts ist weniger zutreffend: Das Kunstwerk beginnt schon jetzt ordentlich Rost anzusetzen.
O'Connell Street Upper, Dublin 1, Luas Gpo, Luas Marlborough

(27) Die **Hugh Lane Gallery** hat 1908 eröffnet, damals noch an einem anderen Standort. Mittlerweile befindet sich das Museum mit seiner Sammlung irischer und internationaler Kunst im Charlemont House. Interessant ist das Francis Bacon Studio, eine Sammlung des irischen Künstlers, der mit seinen eher düsteren Werken bekannt wurde. Alle Werke aus seinem Londoner Atelier wurden katalogisiert, auch wurde sein Studio an Ort und Stelle komplett nachgebaut.
Charlemont House, Parnell Square North, Dublin 1, www.hughlane.ie, Tel. 012225550, Di–Do 9.45–18.00, Fr–Sa 10.00–17.00, So 11.00–17.00 Uhr, Eintritt kostenlos, Luas Parnell

(30) Exakt 50 Jahre nach dem Osteraufstand von 1916 wurde der **Garden of Remembrance** eröffnet. Er ist der Erinnerung an all jene gewidmet, die im Laufe der Jahrhunderte beim Kampf für die irische Freiheit ihr Leben gelassen haben. In der Mitte des Gartens steht eine Skulptur des irischen Künstlers Oisín Kelly, die sich auf die Legende der Kinder von Lír bezieht. Diese sollen einst durch einen Zauberspruch in Schwäne verwandelt worden sein.
Parnell Square East, Dublin 1, heritageireland.ie/places-to-visit/garden-of-remembrance, Tel. 018213021, tgl. 8.30–18.00 Uhr, Eintritt kostenlos, Luas Parnell

(31) Das **Parnell Monument**, das 1911 in Gedenken an Charles Stewart Parnell (1846–1891) errichtet wurde, steht am Ende der O'Connell Street, eine der wichtigsten Verkehrsadern und Einkaufsstraßen Dublins. Parnell war ein sehr einflussreicher irischer Politiker, der unter anderem als großer Verfechter der *home rule* in Erscheinung trat: der irischen Autonomie im Vereinigten Königreich. Die Iren nennen ihn noch immer den „ungekrönten König Irlands".
Parnell Street, Dublin 1, Luas Parnell

ESSEN & TRINKEN

(5) **BuJo** ist die Abkürzung für Burger Joint, was dieses Restaurant perfekt umreißt. Hier geht es nicht um leichte Snacks. Ein heißer Tipp ist denn auch der Schokoladenmilkshake mit weißen Schokoknusperflocken. Auch Burger und Fritten sind ausgezeichnet und werden soweit möglich mit Zutaten aus der Region hergestellt. Weitere Pluspunkte erhält BuJo für die kreativen vegetarischen und veganen Alternativen sowie für die Anstrengungen in Sachen Recycling. Man könnte es auch als verantwortungsvolles Lokal bezeichnen.
6a Sandymount Green, Dublin 4, shop.bujo.ie, Mo–Do & So 12.00–21.30, Fr–Sa 12.00–22.00 Uhr, Preis 10,50 €, Bus 1, 47 Sandymount

(8) In der **Osteria Lucio** kombiniert man schmackhafte irische Produkte mit der Einfachheit der italienischen Küche. Richte dich hier weniger auf traditionelle Pizzen denn auf ein Familien-Diner ein. Von den göttlichen Antipasti bis zu den bunten Salaten kannst du alle Gerichte mit dem Zusatz Big Lucio auch teilen. Ebenfalls gut: die hausgemachte Pasta mit aromatischen Saucen und zartem Fleisch. Nimm dir Zeit für diese kulinarischen Ausschweifungen. Die Osteria befindet sich in den Gewölben unter dem Bahnhof in Grand Canal Dock.
The Malting Tower, Clanwilliam Terrace, Grand Canal Quay, Dublin 2, www.osterialucio.com, Tel. 016624198, Mo–Fr 12.00–15.00 & 17.00–22.00, Sa 17.00–22.30, So 16.00–21.00 Uhr, Preis Lunch 15 €, Diner 20 €, DART Grand Canal Dock

(9) Der Hotspot **Charlotte Quay** bietet einen Ausblick über die Gewässer am Grand Canal Dock. Hier schauen die Angestellten der nahen Technologiekonzerne nach der Arbeit auf einen *Pint* oder einen Cocktail vorbei. Am Wochenende

13

20

20

16

20

9

9

13
BREWDOG

hingegen kommen die Locals zum ausführlichen Brunch. Wer etwas zu feiern hat, reserviert einen Tisch am Fenster. Bei schönem Wetter legt draußen ein DJ sommerliche Sounds auf, während sich die Bewohner des Viertels an einem Drink erfreuen. Die Karte ist ebenso international wie das Viertel.

Millenium Tower, Charlotte Quay Dock, Ringsend Road, Dublin 4, www.charlottequay.ie, Tel. 019089490, Mo–Mi 12.00–15.00 & 17.30–22.00, Do–Fr 12.00–15.00 & 17.30–23.00, Sa 11.00–15.00 & 17.30–23.00, So 12.00–16.00 Uhr, Preis 25 €, DART Grand Canal Dock

(10) Die italienische Bäckerei **Il Valentino** ist in den Docklands ein Begriff. Die Locals kommen am Morgen, um sich ihre Koffeindosis abzuholen. Den Rest des Tags gibt es vor allem leckere Sandwiches, Pastries und verblüffend gut aussehenden Kuchen. Perfekt für Frühstück, Lunch und einen schnellen Kaffee oder Tee für zwischendurch.

5 Gallery Quay, Pearse Street, Grand Canal Dock, Dublin 2, www.ilvalentino.ie, Tel. 016331100, Mo–Fr 7.00–19.00, Sa–So 9.00–18.00 Uhr, Preis Kaffee 3 €, DART Grand Canal, DART Pearse

(12) Direkt am Liffey befindet sich in einem der alten Warenhäuser **Gerard's Deli**, der sich großer Beliebtheit bei den Mitarbeitern der nahen Techkonzerne erfreut. Das Team macht köstlichen Kaffee und die leckersten *Sausage Rolls* (eine Art Wurst im Schlafrock) in ganz Dublin. Obendrein bekommt der Laden Bonuspunkte für die Terrasse mit Ausblick auf den Liffey.

81a Sir John Rogerson's Quay, Dublin 2, www.gerardsdeli.com, Tel. 0852141092, Mo–Fr 8.00–17.00, Sa–So 9.00–16.00 Uhr, Preis Kaffee mit Sausage Roll 7 €, DART Pearse

(13) Eine Hipster-Bar, in der viele bärtige Männer hausgemachtes Craftbeer bestellen. So ungefähr lässt sich der **Brewdog Dublin Outpost** beschreiben. Es ist der perfekte Ort für einen entspannten Sundowner mit besonderem Bier, doch auf der Karte stehen auch gute Burger und Pizzen. Ein Vorteil ist die enorme Größe des Ladens, wodurch du leicht einen Platz bekommst. Darüber hinaus gibt es im Sommer eine Außenterrasse mit Blick aufs Wasser.

4 Three Locks Square, Dublin 2, www.brewdog.com/uk/bars/global/outpostDublin, Tel. 019203350, Mo–Fr 11.00–23.30, Sa–So 10.00–23.30 Uhr, Preis 15 €, DART Grand Canal Dock

(16) Tagsüber wird das **J2 Grill & Sushi** vor allem von Leuten besucht, die im IFSC oder in den Docklands arbeiten und auf der Suche nach einem schnellen Lunch sind. Abends aber sind es die Asiaten der Stadt, die hier ebenso gute wie bezahlbare Sushikreationen, Nudeln und Sake bestellen. Das kleine, gläserne Gebäude am Wasser bietet einen hinreißenden Blick auf die Samuel Beckett Bridge und die hübsch illuminierten Bauten am Südufer.
Unit a, The Campshires, North Wall Quay, Dublin 1, www.j2sushi.com, Tel. 017919759, Mo–Fr 12.00–15.00 & 17.00–22.00, Sa–So 13.00–22.00 Uhr, Preis 17,50 €, Luas Mayor Square

(20) Das ehemalige Büro des Hafenmeisters ist heute ein lebendiger Pub mit einem ausgezeichneten Restaurant. Es heißt **Harbour Master Bar & Restaurant**. Beachte den antiken Holzboden, der noch völlig intakt ist. Das Wetter ist gut? Dann ist dein Glückstag, denn der Harbour Master hat eine Terrasse am Wasser.
1 Custom House Dock, Ifsc, Dublin 1, www.harbourmaster.ie, Tel. 016701688, Mo–Do 12.00–22.30, Fr 12.00–0.00, Sa 13.00–0.30 Uhr, Preis 20 €, Luas Busaras, DART Connolly

(25) Für ein authentisch irisches Pub-Erlebnis mit köstlichem Essen besuchst du am besten **The Parnell Heritage Bar & Grill**. Der Name ist ein Verweis auf einen beliebten irischen Politiker, Charles Stewart Parnell. Probiere das *Beef and Guinness Stew* oder bestelle das *Lemon and Chicken Garlic Supreme*. Kreuz dir den Dienstag an, dann werden in dieser Bar irische Legenden erzählt; so lernst du beim Bierchen auch noch etwas über die Kultur.
72-74 Parnell Street, North City, Dublin 1, theparnell.com, Tel. 018783380, Mo & So 11.00–0.00, Fr & Sa 10.00–3.00 Uhr, Preis 18 €, Luas O'Connell Upper

(26) Auf der Northside befindet sich seit 2016 **Mr Fox**. Im Souterrain dieses typisch irischen Hauses aus roten Backsteinen am Parnell Square bewahrheitet sich, dass wahre Liebe durch den Magen geht. Das Chateaubriand ist das beste aller Zeiten, womit wir allerdings dem Rest der Karte unrecht tun. Obendrauf versteht man es auch noch, vorzügliche Weine zu kredenzen. Mr Fox besitzt ein sehr attraktives Menü für Early Birds.
38 Parnell Square, Dublin 1, www.mrfox.ie, Tel. 018747778, Di–Sa 12.00–14.00 & 17.00–21.30 Uhr, Preis Mittagsmenü 22 €, Hauptgericht 25 €, Luas Parnell

Have a beer
@ Brewdog!
BREWDOG
VEGAN
MONDAYS

㉙ Das **Chapter One** ist eines der wenigen Restaurants in Dublin mit einem Michelin-Stern. Ohne Reservierung geht gar nichts, aber zum Glück muss das nicht Monate im Voraus sein. Selbst am Tag des geplanten Besuchs ist das nicht unmöglich, vor allem zum Lunch oder zum Menü vor der Theatervorstellung. Gut zu wissen ist, dass die Betreiber junge Künstler unterstützen, indem sie deren Arbeiten für die hauseigene Sammlung kaufen. Das Lokal befindet sich im Keller des Hauses, in dem einst Whiskey-Magnat George Jameson gewohnt hat.

18–19 Parnell Square, Dublin 1, www.chapteronerestaurant.com, Tel. 018732266, Di–Fr 12.30–14.00 & 19.30–22.30, Sa 19.30–22.30 Uhr, Preis Mittagsmenü 35 €, Abendmenü 80 €, Luas Parnell

㉜ In der Parnell Street findest du vorzügliche asiatische Lokale. Bestes Beispiel ist das **Kimchi Hophouse**. Das Restaurant fühlt sich wie ein Wohnzimmer an und bietet neben einer großen Auswahl an Bieren koreanische Gerichte wie *Bibimbaps*, *Kimchi* und *Hansang*-Sets.

160–161 Parnell Street, Dublin 1, www.kimchihophouse.ie, Tel. 018728318, tgl. 12.00–23.00 Uhr, Preis 15 €, Luas Parnell

(33) Für hausgemachte Maistortillas mit Crispy Pork und Horchatas (ein Reisgetränk mit Zimt, das gut zu scharfem Essen passt) gehst du am besten ins **Salsa**. Obwohl man es dem Lokal nicht auf den ersten Blick ansieht, bekommst du hier wunderbar authentische mexikanische Gerichte.

147–95 Parnell Street, Dublin 1, fb salsamexicanfood, Tel. 01515 4987, Mo–Do 11.30–21.00, Sa–So 11.30–22.00 Uhr, Preis 10 €, Luas Parnell

(34) Dank eines Neonherzes im Schaufenster kannst du **The Big Romance** nicht verfehlen. Die dunkle Bar ist mit einer fantastischen Anlage ausgestattet, die DJs regelmäßig bespielen. Die Eigentümer sind zugleich die Initiatoren von Hidden Agenda, einer Initiative für die Organisation von Festivals und Festen in Dublin. Die DJs legen ausschließlich Vinyl auf, was schon für sich gesehen ein Erlebnis ist. Sehr lecker sind auch die kreativen Cocktails und die getoasteten Sandwiches. Eine merkwürdige Kombination, die funktioniert.

98 Parnell Street, Dublin 1, www.thebigromance.ie, Tel. 015595997, Mo & Mi–Do 16.00–23.30, Fr–So 13.00–23.30 Uhr, Preis Cocktail 11 €, Luas Green Line Parnell

SHOPPEN

(1) Du hast etwas gespart und du magst besondere Designerkleider? Dann ist das **Havana** der perfekte Ort, um dein Fashionista-Herz zum Pochen zu bringen! Trotz der High-Fashion-Marken ist der kleine Laden ganz unkompliziert, wodurch du dich in aller Ruhe danach umsehen kannst, was im Moment angesagt ist.

2 Anglesea House, Donnybrook Road, Dublin 4, www.havanaboutique.ie, Tel. 012602707, Mo–Sa 9.30–18.00 Uhr, Bus 2, 7b, 7d, 25x Donnybrook Stadium

(3) Am Sandymount Square hat sich **The Butler's Pantry** niedergelassen, ein Gourmet-Food-Store mit köstlichen Häppchen. Perfekt, um Proviant für ein Picknick am Poolberg Lighthouse einzukaufen.

3 Sandymount Green, Dublin 4, www.thebutlerspantry.ie, Tel. 012151700, tgl. 8.00–19.30 Uhr, Bus 1, 47 Sandymount

(4) Du bist auf der Suche nach der angesagtesten Kinderkleidung, Spielwaren oder Kinderzimmer-Accessoires? Dann ab zum **MiraMira**. Der kleine Laden ist

bis unter die Decke mit den schönsten Sachen wie Neonrollschuhen, modernem Holzspielzeug und entzückenden Kleidern vollgepackt. So wird es zu einer Leistung, den Laden wieder zu verlassen, ohne etwas gekauft zu haben.
3 Sandymount Green, Dublin 4, www.miramira.ie, Tel. 012196668, Mo–Sa 10.00–18.00 Uhr, DART Sandymount, Bus 1, 47 Sandymount

(18) Das **CHQ Building** ist ein modernisiertes Warenhaus, wo einst Wein und Tabak gelagert wurden. Es war zugleich Austragungsort eines großen Banketts, das anlässlich der Heimkehr von 3000 irischen Soldaten veranstaltet wurde, die im Krimkrieg (1853 bis 1856) gekämpft hatten. Heute beherbergt das fotogene Gebäude Dutzende Pop-up-Geschäfte, eine kleine Brauerei, Arbeitsplätze für Start-ups aus der Techbranche, Lunchlokale und einen gemütlichen Weinkeller.
Custom House Quay, Dublin 1, www.chq.ie, Tel. 016736054, Mo–Fr 8.00–19.00, Sa 10.00–18.00, So 12.00–18.00 Uhr, DART Connolly, Tara Street

FREIZEITTIPPS

(2) Sonntags sind Märkte mit gutem Essen, Kaffee und frischen Produkten sehr beliebt in Dublin. Eine der bestgelegenen Optionen ist der **Herbert Park Food Market**, der jede Woche stattfindet. Hier labst du dich an koreanischen Burritos, Crêpes, getoasteten Sandwiches und anderen Leckereien. Oder aber du nimmst diese mit in den Herbert Park, wo immer ein Plätzchen frei ist.
Herbert Park, So 11.00–16.00 Uhr, Preis Burrito/Crêpe 8 €, Bus 4, 7, 7a, 7n, 18 American Embassy

(6) Sobald das Wetter gut (also trocken) ist, trudeln die Locals zu einer erfrischenden Wanderung am **Poolberg Lighthouse Pier Walk** ein. Sie beginnt auf der linken Seite des Sandymount-Strands und führt durch einen Park bis zum Ende des Piers, wo der charakteristische rote Leuchtturm steht, den du aus allen Ecken der Bucht sehen kannst.
Kruising Marine Drive & Beach Road, Dublin 4, Bus 1, 47 Sandymount

(7) 1715 befand das irische Parlament, dass eine Wasserstraße zwischen dem Dubliner Hafen und dem Westen des Lands die Wirtschaft stimulieren würde.

3

3
THE BUTLER'S PANTRY

4
JELLYCAT London
PLAN TOYS
Sea Life Set
Classic
JELLYCAT

Das Ergebnis ist der schmale, 132 Kilometer lange **Grand Canal**. Zur Überwindung der Höhenunterschiede wurden 43 Schleusen angelegt, die per Hand bedient werden mussten. Heute ist der Grand Canal wunderbar zum Flanieren, Joggen und Radfahren. Ruhe dich auf einer der vielen Bänke aus und schau den farbenfrohen Barken dabei zu, wie sie von Schleuse zu Schleuse fahren.
Clanwilliam Place, Dublin 2, DART Grand Canal Dock

⑰ **The Jeanie Johnston** ist der Nachbau eines großen Schiffs aus dem 19. Jahrhundert, auf dem unzählige Iren in die USA oder nach Kanada emigriert sind. Sie hofften auf diese Weise der Hungersnot zu entkommen, doch rund 30 Prozent der Passagiere überlebten die Überfahrt nicht. Daher wurden die Schiffe auch als *Coffin Ships* (Sargschiffe) bezeichnet. An Bord kannst du das Famine Museum besuchen. Sowohl an wie auch unter Deck bekommst du einen guten Eindruck davon, wie das Leben an Bord gewesen sein muss.
Custom House Quay, Dublin 1, www.jeaniejohnston.ie, Tel. 014730111, Führungen tgl. jeweils zur vollen Stunde, Apr.–Okt. 10.00–16.00, Nov.–März 11.00–15.00 Uhr, Eintritt 12 €, Luas George's Dock

(19) 2016 öffnete mit **EPIC Ireland** in den Gewölben des CHQ Building eine interaktive Ausstellung über die Geschichte der Iren. Hier erfährst du alles über die Insel, ihre Kultur, Essen und Trinken, Musik, Sport und Politik. Das genügt für einen vergnüglichen Nachmittag. Mit einem „Pass" unter dem Arm kannst du in jedem Raum neue Dinge entdecken. Nimm an einem Pub-Quiz teil, lerne irisch zu tanzen und entdecke, welche Berühmtheiten irische Vorfahren hatten oder haben. Es sind mehr, als man denken würde.

Custom House Quay, Dublin 1, www.epicchq.com, Tel. 019060861, tgl. 10.00–18.45 (letzter Einlass 17.00 Uhr), Eintritt 16,50 €, Luas George's Dock, DART Connolly

(28) Die Iren sind zu Recht stolz auf ihre reiche literarische Geschichte. Sei es Oscar Wilde, Bram Stoker, W. B. Ywats, Edna O'Brien, Samuel Beckett oder James Joyce: Die Liste der Namen ist endlos. Das **Dublin Writers Museum** erzählt interessante Anekdoten über sie und andere Größen. Ausgestellt sind unter anderem Aufzeichnungen, Briefe, Fotos sowie Erstauflagen und andere besondere Ausgaben.

18 Parnell Square North, Dublin 1, www.writersmuseum.com, Tel. 018722077, Mo–Sa 10.00–17.00, So 11.00–17.00 (letzter Einlass 16.15 Uhr), Eintritt 7,50 €, Luas Parnell

ROUTE 3

CITY CENTRE & TEMPLE BAR

INFOS ZUR ROUTE

Diese Strecke führt dich zu den besten Museen; sie ermöglicht dir, dich durch den bekanntesten Park treiben zu lassen, außerdem kannst du unterwegs nach Herzenslust shoppen. Das Creative Quarter läuft vor kleinen Boutiquen und Restaurants über. Temple Bar ist der Standort unendlich vieler gemütlicher Pubs für einen Drink oder ein Tänzchen. Auch in Sachen Shopping, Kulinarik und Kunst kannst du in City Centre und Temple Bar aus den Vollen schöpfen.

DIE VIERTEL

Die **Southside** besitzt mit ihren breiten Straßen, den beeindruckenden Parlamentsgebäuden und prächtigen Museen wie **The National Gallery** und **The Natural History Museum** noch viel von der Grandezza von einst. Zudem ist Southside der Standort des wohl schönsten Campus von Trinity College. Nicht zuletzt gibt es viel Grün. Neben charakteristischen Plätzen wie Merrion Square und Fitzwilliam Square gibt es mit **St. Stephen's Green** gar einen der schönsten Stadtparks Europas, wo regelmäßig Filme gedreht werden.

Das gemütliche **Creative Quarter** breitet sich zwischen Grafton Street, Dame Street und South Great George's Street aus. Es ist eine wundersame Ansammlung von unabhängigen Geschäften, hippen Friseuren, Restaurants, Cocktailbars, traditionellen Pubs, Kunstkollektiven und Galerien. Donnerstags, freitags und samstags ist es zudem ein beliebtes Ausgehviertel für Leute im Alter von mehr als 25 Jahren. Die Jüngeren treffen sich unterdessen eher in den Clubs und Pubs rund um die **Harcourt Street**.

Temple Bar ist das unumstritten gemütlichste, bunteste und zugleich touristischste Viertel Dublins. Es ist für seine hohe Pub-Dichte und die alternative Atmosphäre bekannt. Zugleich handelt es sich um eines der ältesten Viertel der Stadt, was unter anderen in mittelalterlichen Gassen zum Ausdruck kommt. Es gibt viele Galerien, Theater, Kinos, Bars und andere Ausgehgelegenheiten. Tagsüber ist es eher ruhig, doch am Abend brummt Temple Bar. Tagsüber kannst du die Street Art gut in Augenschein nehmen. Abends erfreust du dich an der hübsch illuminierten Temple Bar, die denselben Namen wie das Viertel trägt, sowie an den irischen Damen, die in vollem Ornat beweisen, dass hohe Absätze und Kopfsteinpflaster prima zusammenpassen.

WENIG ZEIT? DAS SIND DIE HIGHLIGHTS:
OM DIVA BOUTIQUE + NATIONAL MUSEUM OF IRELAND - NATURAL HISTORY + TRINITY COLLEGE + POWERSCOURT CENTRE + EATHOS

TIPPS

// Wegen des Kopfsteinpflasters lieber ohne Rad // Temple Bar ist das Ausgehviertel Dublins // Du kannst die Route auch andersherum laufen

CITY CENTRE & TEMPLE BAR

1. Eathos
2. Cirillo's
3. National Museum of Ireland – Natural History
4. National Gallery of Ireland
5. National Library of Ireland
6. St. Stephen's Green
7. Little Museum of Dublin
8. Celtic Whiskey Shop
9. Peruke & Periwig
10. 37 Dawson Street
11. Café en Seine
12. Dolce Sicily
13. Featherblade
14. Avoca
15. Bank of Ireland
16. Trinity College
17. The Science Gallery
18. Shoe Lane Coffee
19. Merchant's Arch
20. Klaw
21. Molly Malone
22. Siopaella Designer Exchange
23. Skinfull Affairs
24. Powerscourt Centre
25. Fresh Cuts Clothing
26. Industry & Co.
27. Irish Design Shop
28. Om Diva Boutique
29. Loose Canon Cheese & Wine
30. George's Street Arcade
31. The Juicery
32. 777
33. The Stag's Head
34. Gallery of Photography
35. Indigo and Cloth
36. Project Arts Centre
37. The New Theatre
38. The Porterhouse Temple Bar
39. The Workman's Club

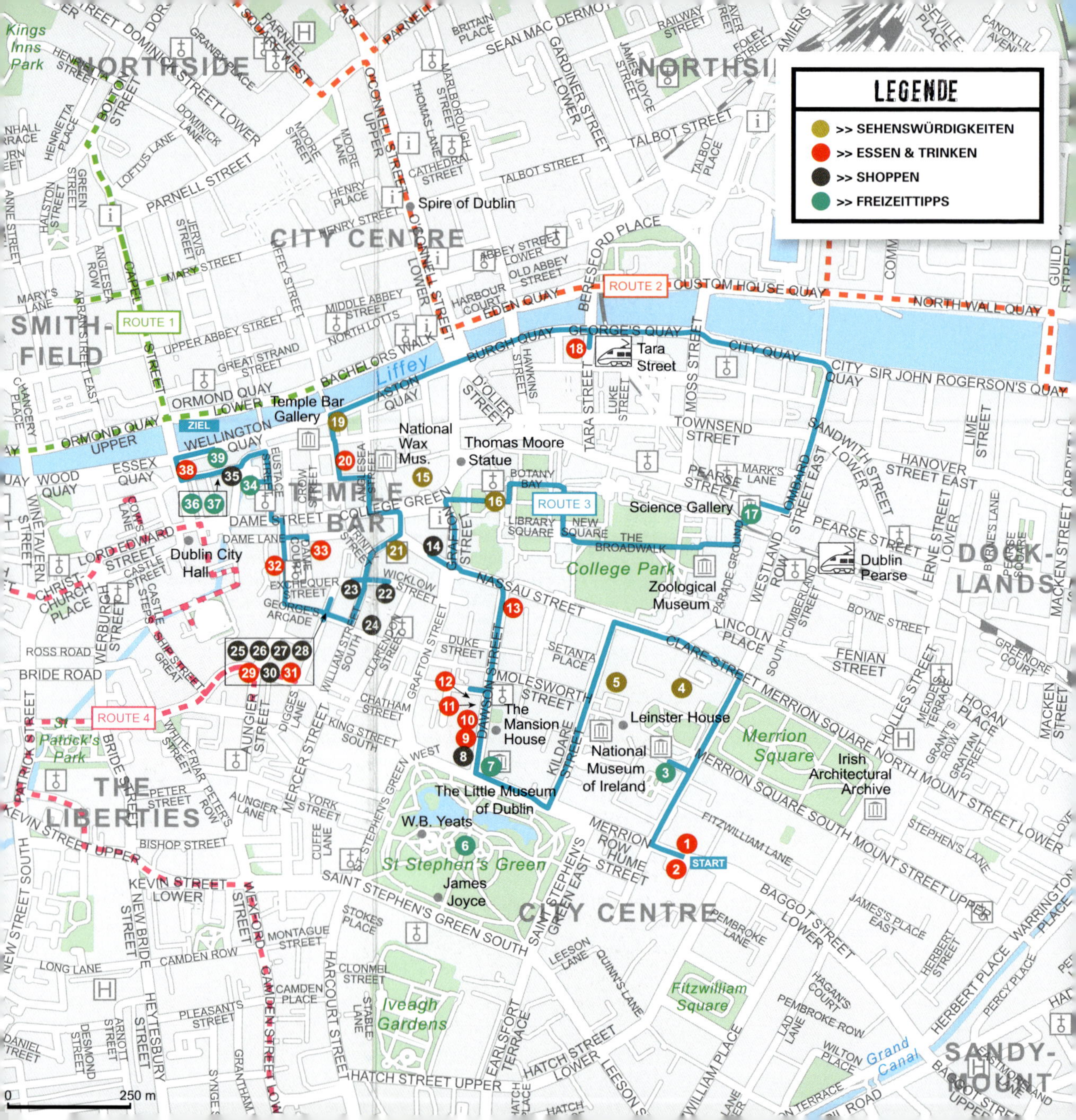

LEGENDE
>> SEHENSWÜRDIGKEITEN
>> ESSEN & TRINKEN
>> SHOPPEN
>> FREIZEITTIPPS
ROUTE 1
ROUTE 2
ROUTE 3
ROUTE 4
START
ZIEL
NORTHSIDE
CITY CENTRE
SMITHFIELD
TEMPLE BAR
THE LIBERTIES
DOCKLANDS
SANDYMOUNT
Liffey
Grand Canal
Kings Inns Park
Spire of Dublin
Tara Street
Temple Bar Gallery
National Wax Mus.
Thomas Moore Statue
Science Gallery
College Park
Zoological Museum
Dublin Pearse
Dublin City Hall
The Mansion House
Leinster House
National Museum of Ireland
Merrion Square
Irish Architectural Archive
The Little Museum of Dublin
W.B. Yeats
St Stephen's Green
James Joyce
St Patrick's Park
Fitzwilliam Square
Iveagh Gardens
0
250 m

BESCHREIBUNG ROUTE 3 (ca. 6,3 km)

Starte mit einem Frühstück 1 und reserviere gleich für den Abend 2. Biege danach rechts in die Merrion Street Upper ein und geh an der Wohnung des *Taoiseach* (Premierminister) vorbei, um den Dead Zoo 3 und Irlands Nationale Kunstsammlung 4 zu besuchen. Setze den Weg über Merrion Square Park fort, geh links in die Clare Street und danach wiederum links in die Kildare Street, um die National Library 5 zu besuchen. Geh bis ans Ende der Straße in den Park 6. Wieder zurück, siehst du dir an, wie die Dubliner im 20. Jahrhundert gelebt haben 7. Nun gehst du rechts in die Dawson Street, wo die besten Bars und Restaurants warten 8 9 10 11 12 13. Am Ende der Straße links in die Nassau Street und dann nochmals links in die Suffolk Street, wo es die besten irischen Produkte gibt 14. Geh zurück zur Nassau Street bis zum Gebäude der Bank of Ireland 15 und betritt rechts das Gelände des Trinity College 16. Laufe über den Campus vorbei an der Trinity Library zur Science Gallery 17. Über den Hinterausgang gelangst du zur Pearse Street. Geh rechts und dann sofort links in die Lombard Street East, bis du den Liffey erreichst. Biege links ab und geh am Wasser entlang, bis du einen kleinen Abstecher links in die Tara Street machst, wo du einen exzellenten Kaffee trinkst 18. Folge weiterhin dem Liffey und geh vorbei an der O'Connell Bridge zum Merchant's Arch 19. Biege links ab und laufe unter dem Bogen durch, um in Temple Bar Seafood zu genießen 20. Geh geradeaus, bis du die Cope Street erreichst, und dann nach links in die Anglesea Street. Laufe bis zum College Green und dann wegen der Statue von Molly Malone 21 nach rechts in die Church Lane. Jetzt bist du im Creative Quarter. Folge der St. Andrew Street, wo du links Vintage Design 22 und rechts ein Beauty-Geschäft 23 entdeckst. Geh zurück zur Kreuzung und geh in die South William Street. Besuch ein schönes Einkaufszentrum in einem Herrenhaus 24. Geh nach rechts zum Castle Market für weitere Shoppingfreuden, Käse und Wein 25 26 27 28 29. Geh durch die Einkaufspassage 30 31 zur South Great George's Street und dann rechts zum Mexikaner 32. Nun geht es zweimal nach rechts zu einem der ältesten Pubs Dublins 33. Geh zurück und laufe zum Ende der Straße, dann links und sofort wieder rechts in die Eustace Street. Biege links ab, um über den Meeting House Square zur Gallery of Photography 34 zu gelangen. Oder du gehst links zu den Läden und Kultureinrichtungen in die Essex Street 35 36 37. Rechts in der Parliament Street wartet eine Bierprobe 38. Weiter geradeaus, dann rechts, um Livemusik am Liffey zu hören 39.

SEHENSWÜRDIGKEITEN

④ Selbst wenn du nicht auf Kunst stehst, ist es ein Fest, einige Stunden in der **National Gallery of Ireland** zu verbringen. Das Museum zeigt Gemälde und Skulpturen von unter anderem Caravaggio, Vermeer, Rembrandt und Picasso. Auch irische Künstler wie J.B. Yeats sind gut vertreten.

Merrion Square West, Dublin 2, www.nationalgallery.ie, Tel. 016615133, Mo–Mi & Fr–Sa 9.15–17.30, Do 9.15–20.30, So 11.00–17.30 Uhr, Eintritt kostenlos, Luas Stephen's Green, DART Pearse Street

⑤ Die **National Library of Ireland** wurde 1877 eröffnet und beherbergt eine enorm große irische Literatursammlung, die von Swift bis Yeats reicht. Du kannst stundenlang in den Büchern, Zeitungen und Periodika herumschnüffeln. Alte Werke kannst du nicht ausleihen, wohl aber sind auf Anfrage Kopien erhältlich. Die Bibliothek organisiert regelmäßig Ausstellungen zu verschiedenen Themen.

7–8 Kildare Street, Dublin 2, www.nli.ie, Tel. 016030213, Mo–Mi 9.30–19.45, Do–Fr 9.30–16.45, Sa 9.30–12.45 Uhr, Eintritt kostenlos DART Pearse Street, Luas St Stephen's Green

⑮ Das pompöse Gebäude der **Bank of Ireland** war ursprünglich mal die Heimat des irischen Parlaments. Nachdem dieses 1803 aufgelöst wurde, hat die Bank of Ireland das Regierungsgebäude für ihre Zwecke aufgekauft. Bis heute ist unklar, wer das symmetrische Meisterwerk entworfen hat. Jeden Dienstag um 10.30 Uhr gibt es eine kostenlose Führung.

2 College Green, Dublin 2, Tel. 016776801, Eintritt gratis, DART Tara Street

⑯ Das **Trinity College** wurde 1592 von der britischen Königin Elisabeth I. gegründet. Berühmtheiten wie Oscar Wilde und Samuel Beckett haben hier ihre Studentenjahre verbracht. Heute sind rund 16 000 Studenten eingeschrieben, einige von ihnen leiten täglich Führungen über den Campus. Neben einem Stück Geschichte beleuchten sie auch das irische Studentenleben und seine Besonderheiten. Am Ende der Führung siehst du in der Old Library berühmte Book of Kells.

College Green, Dublin 2, www.tcd.ie/visitors, Tel. 018962320, Mai–Sep. Mo–Sa 8.30–17.00, So 9.30–17.00, Okt.–Apr. Mo–Fr 9.30–17.00, So 12.00–16.30 Uhr, Eintritt Old Library 13 €, Campusführung (inkl. Bibliothek) 14 €, Luas Trinity, DART Tara Street

21

19
MERCHANTS ARCH
MERCHANTS ARCH
BAR
&
RESTAURANT

16
Oldest university
of Ireland!

48
Importers of FINE SMOKING TOBACCO Always in Stock
Traditional Irish Music
THE TEMPLE BAR
DUBLIN

38
NITRO RED IRISH ALE
TEMPLE LAGER

⑲ **Merchant's Arch** gehört zum Merchant House von 1821. In diesem Gebäude war einst die Kleidermachergilde beheimatet. Die Männer der Gilde haben dafür gesorgt, dass es in Temple Bar mehr Arbeitsplätze gab. Der Bogen selbst diente Fußgängern als Haupteingang zur Ha' Penny Bridge und bietet einen schönen Durchblick von Temple Bar über die Brücke zur Northside.

Merchant's Arch, Dublin 2, DART Tara Street, Luas Jervis

㉑ Diese Statue aus dem Jahr 1988 zeigt **Molly Malone** als Straßenhändlerin, auch wenn in der Stadt allgemein bekannt war, dass die einen Nebenjob hatte, mit dem sie den Herren einiges Vergnügen bereitete. Dies erklärt auch den Kosenamen der Statue: The Tart with the Cart. Molly ist zugleich Thema eines der berühmtesten irischen Lieder, das schlicht „Molly Malone" heißt.

Suffolk Street, Dublin 2, Luas Dawson, Luas Trinity

ESSEN & TRINKEN

① In der Region erzeugte Zutaten werden im **Eathos** zu fantastischen Frühstücks- und Brunch-Gerichten verwandelt. Das Interieur ist nüchtern mit einigen roten Farbtupfern und es symbolisiert die Philosophie des Clean Eating. Alle Gerichte werden sehenswert angerichtet und selbst die Salatbar ist instagramtauglich. Lass auf jeden Fall Platz fürs Dessert.

8 Baggot Street Lower, Dublin 4, eathosDublin.com, Tel. 016298090, Mo–Fr 8.00–15.00 Uhr, Preis Brunch 13,75 €, Luas Green Line, St Stephen's Green, Bus 25, 25a, 25b Merrion Row

② Die allerbeste Pizza Dublins findest du im **Cirillo's**. Dieser Italiener serviert alle Gerichte mit authentischen Zutaten. Ananas also gehörte nicht zu den Belägen. Wohl aber hat das Lokal auch guten Aperol Spritz und ein göttliches Tiramisu im Angebot. Tipp: Wenn das Cirillo's voll ist, kannst du dich nebenan im Pub Toners niederlassen und dir da deine Pizza hinbestellen.

140 Baggot Street, Dublin 2, www.cirillos.ie, Tel. 016766848, Mo–Do 17.00–22.00, Fr–Sa 13.00–22.00, So 13.00–21.00 Uhr, Preis 16 €, Luas Green Line, St Stephen's Green. Bus 25, 25a, 25b Merrion Row

⑨ Für ein romantisches Diner in einer Vintage-Einrichtung mit Veloursboden und Gardinen bist du bei **Peruke & Periwig** richtig. Außerdem gibt es wunderbare Snack-Platten und treibt die Crew die Kunst des Cocktailmixens in neue Höhen.
31 Dawson Street, Dublin 2, www.peruke.ie, Tel. 016727190, Mi–Fr 15.00–22.00, Sa–So 14.00–22.00 Uhr, Preis 24 €, Luas Dawson Street

⑩ Bei **37 Dawson Street** gibt es einiges zu sehen. Das fängt bei einem glitzernden Pferd am Eingang an und endet bei antiken Möbeln: Lampen, Chesterfield-Sofas und ausgestopfte Hirsche. Gute Musik und bezahlbare Cocktails – ein guter Ort also für einen Drink am Ende des Tags. Nach dem Abendessen verwandelt sich der Laden ebenso wie die anderen Bars der Gegend in einen Club.
37 Dawson Street, Dublin 2, www.37dawsonstreet.ie, Tel. 019022908, tgl. 12.00–2.30 Uhr, Preis Pint 6 €, Luas Dawson Street

⑪ Das **Café en Seine** ist in Dublin ein Begriff. Tagsüber ist es der ultimative Ort für Kaffee oder einen Lunch, am Abend fürs Diner und bis spät in die Nacht bekommst du Cocktails und kannst tanzen. Die Einrichtung ist besonders, denn du wähnst dich in der französischen Renaissance. Nicht verwunderlich, denn das Lokal war 1798 ein Ort, wo sich britische und französische Soldaten trafen.
40 Dawson Street, Dublin 2, www.cafeenseine.ie, Tel. 016774567, Mo–Di 12.00–0.00, Mi–Sa 12.00–3.00, So 12.00–23.00 Uhr, Preis Cocktail 13 €, Luas Dawson Street

⑫ Wenn die Tage kalt sind, kannst du dich bei **Dolce Sicily** mit echt italienischem Kakao aufwärmen, der fast so dickflüssig wie Pudding ist. So gehört sich das auch für die beste italienische Patisserie Dublins! Hier findest du köstliche Cannoli und Nutella-Torten. Darüber hinaus serviert man Ciabatta und Pasta.
20 Anne Street South, Dublin 2, shop.dolcesicily.ie, Tel. 016729215, Mo–Fr & So 8.00–23.00, Sa 9.00–0.00 Uhr, Preis Kaffee und Kuchen 13 €, Luas Dawson Street

⑬ Die Iren sind sehr stolz auf ihr regional erzeugtes Fleisch. Im **Featherblade** wissen sie denn auch genau, wo das Fleisch herkommt. Ebenso wichtig: Vom Burger bis zum Steak bereiten sie es perfekt zu. Nicht zuletzt gibt es köstliche Beilagen wie *Beef Dripping Chips* oder *Truffle Mac & Cheese*.
51b Dawson Street, Dublin 2, www.featherblade.ie, Tel. 016798814, Di–Fr 12.00–15.00 & 17.00–spät, Sa 12.00–spät, So 13.00–20.00 Uhr, Preis 18 €, Luas Dawson Street

⑱ Früher hieß die Tata Street auch Shoe Lane. Diese kleine Kaffeebar versteht sich denn auch als Ode an die Leder- und Schuhindustrie von 1800. Bei **Shoe Lane Coffee** bekommst du ehrlichen Kaffee, selbst gemachte Süßwaren und Musik aus den 60ern und 70ern. Am schönsten trinkst du den Kaffee am Fenster, oben im Wohnzimmer oder auf der Bank vor der Tür.

7 Tara Street, Dublin 2, www.shoelanecoffee.ie, Tel. 016779471, Mo–Fr 6.30–18.30, Sa 9.00–17.00 Uhr, Preis 3 €, Luas Trinity, DART Tara Street

⑳ In der Hafenstadt Dublin dürfen Seafood-Restaurants natürlich nicht fehlen. **Klaw** ist ein winziger Laden, der fantastischen Fisch und Meeresfrüchte auf der Karte hat. Vor allem die *Lobster Roll* ist umwerfend. Wenn das Klaw voll ist, kannst du dein Glück im vornehmen Schwesterlokal The Seafood Café versuchen.

5a Crown Alley, Temple Bar, Dublin 2, fb Dublinklaw, Tel. 015492244, Mo–Mi & So 12.00–22.00, Do–Sa 12.00–23.00 Uhr, Preis 25 €, Bus 27, 40, 49, 54a Dame Street

㉙ Bei **Loose Canon Cheese & Wine** dreht sich alles um Käse. In diesem kleinen Geschäft/Restaurant in der historischen St. George's Arcade findest du Kä-

1

29
WINES
WHITES
REDS
BOTTLES
ALL BOTTLES CHILLED
TOASTIES
CLASSIC

39

10

seplatten, Sandwiches und eine handverlesene Auswahl an Weinen. Auch draußen gibt es ein paar Tische. Sollten diese voll sein, kannst du im St. Stephen's Green Park picknicken.

29 Drury Street, Dublin 2, www.loosecanon.ie, Mo–Di 11.00–19.00, Mi–Sa 11.00–22.00, So 12.00–18.00 Uhr, Preis Sandwich 10 €, Bus 9, 16, 65, 65b, 68 Exchequer Street

(31) Sensationell kreative und vegane Fruchtsäfte und Smoothies findest du bei **The Juicery**. Teste mal den *Lemon Cheesecake*. Köstlich, erfrischend und gesund.

26 George's Street Arcade, South Great George's Street, Dublin 2, www.thejuicery.ie, Tel. 0868229433, Mo–Sa 10.00–17.00, So 12.00–17.00 Uhr, Preis Smoothie 5,80 €, Bus 9, 16, 65, 65b, 68 Exchequer Street

(32) Das mexikanische Food-Walhalla **777** ist bei Insidern für seine spannenden mexikanischen Gerichte, die doppelten Tequila-Mengen in den Cocktails sowie die mysteriöse Einrichtung berüchtigt. Reservierungen sind nicht möglich. Geh rein und frage, ob du dich zur Not an der Bar niederlassen kannst. Wenn nicht, kommst du auf eine Warteliste und wirst du angerufen, sobald etwas frei wird. Am siebten Tag, also am Sonntag, kosten alle Gerichte 7,77 Euro. Montag ist Margaritha Monday. Am Taco Tuesday kosten alle Tacos nur 6 Euro.

7 Castle House, Great George's Street South, Dublin 2, www.777.ie, Tel. 014254052, Mo–Do 17.30–22.00, Fr–Sa 17.00–0.00, So 14.00–22.00 Uhr, Preis 20 €, Luas Trinity, DART Tara Street

(33) **The Stag's Head** ist ein traditioneller Pub. Das Gebäude stammt aus dem Jahr 1770 und wurde zuletzt 1895 renoviert. Seitdem hat sich nichts verändert. Der leicht angestaubte Stag's Head (Hirschkopf) hängt über der Bar. Der Pub ist so authentisch, dass er regelmäßig als Filmkulisse fungiert. Sowohl Touristen wie auch Locals lieben den Laden. Am besten kommst du dienstags zum wöchentlichen Ukulele-Abend.

1 Dame Court, Dublin 2, Stagshead.ie, Tel. 016793687, Mo–Do 11.00–0.30, Fr–Sa 11.00–1.30, So 12.00–0.00 Uhr, Preis Pint 5,50 €, Luas Trinity, DART Tara Street

(38) **The Porterhouse Temple Bar** ist die älteste Brauerei Dublins. Im Pub kannst du klassische Biere der Hausmarke, aber auch Stout, Lager und Irish Pale Ale

vom Fass probieren. Wenn du nach der Mini-Verkostung fragst, bekommst du drei kleine Gläser mit verschiedenen Bieren vorgesetzt. Das Porterhouse serviert auch traditionelles *Pub Food.*

16-18 Parliament Street, Dublin 2, porterhousebrewco.ie/temple-bar, Tel. 016798847, Mo–Mi 11.30–0.00, Do 11.30–1.00, Fr–Sa 11.30–2.00, So 12.00–0.00 Uhr, Preis Pint 6,50 €, DART Tara Street

SHOPPEN

⑧ Guinness hast du vielleicht schon probiert. Doch auch irischen Whiskey solltest du nicht verschmähen. Der **Celtic Whiskey Shop** hat eine große Auswahl an bekannten und weniger bekannten Marken im Angebot. Einige Flaschen dürftest du außerhalb Irlands nur schwer finden. Auch die Gin-Sammlung beeindruckt, sie reicht vom weltberühmten Dingle Gin bis zum experimentellen Seetang-Gin.

27–28 Dawson Street, Dublin 2, www.celticwhiskeyshop.com, Tel. 016759744, Mo–Mi & Fr–Sa 10.30–20.00, Do 10.30–21.00, So 12.30–19.00 Uhr, Luas Dawson Street

⑭ Ursprünglich war das **Avoca** eine alte Weberei. Das zeigt sich bis heute an den prächtigen Wolldecken, Schals und anderen Kleidungsstücken, die kreuz und quer über den Laden verteilt sind. Die Locals aber kommen hier nicht nur zum Einkaufen hin, denn im Obergeschoss befindet sich eines der bekanntesten Lunchrestaurants. Die Gerichte werden mit Zutaten aus dem eigenen Garten zubereitet. Im Keller findest du darüber hinaus die Avoca's Food Hall mit hausgemachten Suppen, Saucen und Salaten zum Mitnehmen.

11–13 Suffolk Street, Dublin 2, www.avoca.ie, Tel. 016774215, Mo–Mi & Sa 9.30–18.00, Do–Fr 9.30–19.00, So 11.00–18.00 Uhr, Luas Dawson Street

㉒ Magst du Vintage-Kleider und -Accessoires? Oder möchtest du etwas nachhaltiger einkaufen, ohne dich durch unendlich viele Regale durchkämpfen zu müssen? Dann bist du in der **Siopaella Designer Exchange** genau am richtigen Ort. Das Geschäft ist gut organisiert und es gibt Schnäppchen in allen Preisklassen – von gebrauchten Zara-Sachen bis zu Louis Vuitton.

30 Wicklow Street, Dublin 2, www.siopaella.com, Tel. 0896170937, Mo–Sa 10.00–18.00 Uhr, Bus 9, 16, 65, 65b, 68 Exchequer Street

(23) Für irische Frauen ist Schönheitspflege sehr wichtig. Haar, Nägel und Haut sind jederzeit topgepflegt. **Skinfull Affairs** ist eine ihrer bevorzugten Anlaufstellen. Der Laden befindet sich in einem Gebäude mit authentischen, bleigefassten Fenstern. Hier kaufst du Beauty-Produkte oder du gönnst dir eine Maniküre oder eine andere Anwendung. Gut zu wissen: Das Geschäft ist schon ab 8 Uhr für Kaffee und Snacks geöffnet, Anwendungen kannst du ab 10.30 Uhr buchen.
34 Exchequer Street, Dublin 2, www.skinfullaffairs.ie, Tel. 016169933, tgl. 8.00–19.00 Uhr, Bus 9, 16, 65, 65b, 68 Exchequer Street

(24) Das **Powerscourt Centre** ist ein Herrenhaus, das zu einem Einkaufszentrum umgebaut wurde und seitdem eine Schatzkammer mit kleinen Geschäften ist. Im Erdgeschoss findest du das Article mit einem großen Angebot an Einrichtungsgegenständen. Ganz oben befindet sich der Concept-Store Atrium mit Arbeiten vornehmlich irischer Designer. Direkt daneben ist mit dem KID das hipste Geschäft Dublins für Kinderbekleidung und Geschenke.
59 William Street South, Dublin 2, www.powerscourtcentre.ie, Mo–Sa 11.00–17.00, So 12.00–17.00 Uhr, Bus 9, 16, 65, 65b, 68 Exchequer Street

28

25

24

27

8

24

(25) Unter Berücksichtigung nachhaltiger Lieferketten verkauft **Fresh Cuts Clothing** moderne Bekleidung angesagter Marken. Das Haus aber lockt auch mit einer eigenen Kollektion. Hier findest du bequeme Sweater, Hausanzüge und originell bedruckte Shirts.
13 Castle Market, Dublin 2, www.freshcutsclothing.com, Tel. 0868980563, Mo–Sa 11.00–18.00, So 12.00–17.00 Uhr, Bus 9, 16, 65, 65b, 68 Exchequer Street

(26) Wenn du auf der Suche nach eigenwilligen Wohnaccessoires bist, schau bei **Industry & Co**. vorbei. Hier findest du kleine Möbel, Keramik, Schreibwaren, Textilien und inspirierende Bücher. Zwar sind die meisten Objekte neu, hin und wieder aber findest du ein upgecyceltes Exemplar. In der Küche wird Kaffee zubereitet, mittags gibt es Salate.
41 a/b Drury Street, Dublin 2, www.industryandco.com, Tel. 016139111, Mo–Mi & Sa 9.30–18.00, Do 9.30–19.00, So 11.00–18.00 Uhr, Luas Trinity, Luas St Stephen's Green, DART Tara Street

(27) Der **Irish Design Shop** ist so etwas wie die moderne Variante eines Souvenir-Shops: ein kleines Geschäft mit Einzelstücken irischer Designer. Das Angebot geht von Keramiken über Kerzen bis zu gewebten Schals aus irischer Wolle.
41 Drury Street, Dublin 2, www.irishdesignshop.com, Tel. 016798871, Mo–Mi & Sa 10.00–18.00, Do–Fr 10.00–19.00, So 13.00–17.00 Uhr, Luas Trinity, Luas St Stephen's Green, DART Tara Street

(28) Die **Om Diva Boutique** ist eine Schatzkammer, die pickepackevoll ist mit Kleidung und Accessoires von irischen Designern. Kleider und Schmuck sind farbenfroh, kreativ und sie heben sich von allem anderen ab. Stell dir zum Beispiel einen Tüllrock, Blusen mit Bordüren oder Schmuck vor, der verschiedene Materialien und Stilrichtungen kombiniert.
27 Drury Street, Dublin 2, www.omdivaboutique.com, Tel. 016791211, Mo–Mi & Fr 10.00–18.30, Do 10.00–19.30, So 12.00–18.00 Uhr, Bus 9, 16, 65, 65b, 68 Exchequer Street

(30) Schon 1881 wurde in Dublin mit der viktorianischen **St. George's Arcade** die erste überdachte Einkaufspassage eröffnet. Wegen der aus England stammenden Architekten und Arbeiter war sie anfangs bei den Locals nicht sonderlich

beliebt. Gleichwohl hat die Passage es bis in die Gegenwart geschafft, in der sie vielfältige Geschäfte beherbergt. Zum Angebot gehören unter anderem Vintage-T-Shirts, handgemachte Ketten, Gemälde und gebrauchte Bücher.

Drury Street & Great George's Street South, Dublin 2, www.georgesstreetarcade.ie, Tel. 012836077, Mo–Mi & Fr–Sa 9.00–18.30, Do 9.00–19.00, So 12.00–18.00 Uhr, DART Tara Street, Luas Trinity

(35) Endlich mal wieder ein Männergeschäft: Das coole **Indigo and Cloth** hat eine große Auswahl an Freizeitkleidung und Accessoires von skandinavischen, britischen und amerikanischen Marken im Angebot. Und für Frauen ist nichts dabei? Falsch! Unten im Geschäft bürgt die Barista für perfekten Kaffee. Außerdem locken Vitrinen mit lauter Dingen, die man sofort haben möchte.

9 Essex Street East, Dublin 2, www.indigoandcloth.com, Tel. 016706403, Mo–Sa 10.00–18.00, So 12.00–17.00 Uhr, DART Tara Street

FREIZEITTIPPS

(3) Das **National Museum of Ireland – Natural History** wird im Volksmund zuweilen auch Dead Zoo (Zoo der Toten) genannt. Die Ausstellung setzt sich aus einer bizarren Sammlung ausgestopfter Tiere zusammen, wobei das mal besser und mal schlechter gelungen ist. Hauptattraktion sind die gigantischen Skelette einer ausgestorbenen irischen Hirschart, die viel größer als heutige Arten war.

Merrion St Upper, Dublin 2, www.museum.ie/en-ie/museums/natural-history, Tel. 016777444, Mo & So 13.00–17.00, Di–Sa 10.00–17.00 Uhr, Eintritt kostenlos, Luas St Stephen's Green

(6) Mitten im geschäftigen Zentrum Dublins liegt mit **St. Stephen's Green** ein Park, der sich perfekt dafür eignet, zur Ruhe zu kommen. Früher ging es hier sehr ruppig zu: Menschen wurden hier gefoltert, verbrannt und hingerichtet. Heute erinnert zum Glück nichts mehr an diese Gräueltäten. Auf verschlungenen Pfaden passierst du diverse Kunstwerke und prächtige Blumenbeete. St. Stephen's Green ist vor allem im Frühjahr und im Herbst eine Augenweide.

St Stephen's Green, Dublin 2, Eintritt kostenlos, Luas St Stephen's Green, DART Pearse Street

⑦ In der ersten Etage eines schönen, im georgianischen Stil errichteten Hauses findest du das **Little Museum of Dublin**. In der witzigen Ausstellung erfährst du, wie das Leben der Dubliner zwischen 1900 und 2000 ausgesehen hat. Sehenswert sind die *Guides*, denn sie geben jeder Anekdote eine persönliche Note.
15 St Stephen's Green, Dublin 2, www.littlemuseum.ie, Tel. 016611000, Mo–Mi & Fr–So 9.30–17.00, Do 9.30–20.00 Uhr, Eintritt 12 €, Luas St Stephen's Green, DART Pearse Street

⑰ Als Bestandteil des Trinity College steht **The Science Gallery** für eine besondere Zusammenarbeit zwischen Wissenschaft und Kunst, in der alle drei Monate wechselnden Ausstellungen zu sehen sind. Diese sind interaktiv und bieten Stoff zum Nachdenken. Bisherige Themen waren das Ende der Welt, die Verherrlichung von Kriminalität, der Unterschied zwischen Original und Fälschung sowie der Wettstreit von Mensch gegen Roboter. Studenten erklären die Zusammenhänge.
Naughton Institute, Pearse Street, Trinity College, Dublin 2, www.Dublin.sciencegallery.com, Tel. 018964091, Di–Fr 12.00–20.00, Sa–So 12.00–18.00 Uhr, Eintritt kostenlos, Luas Trinity, DART Pearse

34

7
1900s
WEEKLY FREEMAN

6

22

3

11

22

BESCHREIBUNG ROUTE 4 (ca. 10,6 km)

Starte im Art & Antique Quarter 1. Bieg nach rechts in die High Street ab, lerne etwas über die irische Geschichte 2 und besuch eine Kathedrale 3. Setze den Weg über Christchurch Place in die Lord Edward Street fort und biege links in die Cow's Lane für etwas Leckeres zu essen 4 5 ab, um dann links moderne Mode und Accessoires zu finden 6. Geh zurück zur Lord Edward Street und biege hinter der City Hall auf das Gelände von Dublin Castle ab 7. Auf der Rückseite des Schlossgartens stößt du auf eine besondere Bibliothek 8. Lauf durch die Pforte in der Schlossmauer zu The Liberties und biege links ab. Auf der Stephen Street Upper biegst du nach links ab, um asiatisch zu essen oder in einem Pub ein Spielchen zu machen 9 10. Geh zurück und setze den Weg zum St. Patrick's Park fort, wo du links in der Patrick Street zur St. Patrick's Cathedral 11 gelangst. Für Lunch und Kaffee biegst du nach rechts in die Dean Street 12 ein. Geh weiter geradeaus, dann links in die St. Luke's Avenue und wieder links die Treppe zum Newmarket hinauf, um zur einzigen aktiven Whiskey-Destille Dublins zu gelangen 13. Geh zurück zur St. Patrick's Cathedral und an der bemerkenswerten Bibliothek 14 vorbei. Biege links in die Kevin Street Upper und danach rechts in die Wexford Street ab. Dieser Weg nach Rathmore ist voller schöner Bars, Restaurants und Geschäfte 15 16 17 18. Für kreatives argentinisches Essen biegst du rechts in die Harrington Street 19 ab. Geh über die Richmond Street South und halte für einen köstlichen Tee 20 und auf der anderen Seite für kreative Ausstellungen an 21. Geh nun an der Kirche vorbei, deren Kuppel du schon die ganze Zeit aus der Ferne siehst 22. Jetzt erreichst du Rathmines, wo du ein Craftbeer 23 trinkst und lunchst 24. Setze den Weg vorbei an einem prächtigen Kino 25 fort und schau dich nach hippen Einrichtungsgegenständen 26 um. Geh weiter bis zur Rathgar Road für einen leckeren Kaffee und Kuchen 27. Kehre zurück zum Kino und biege rechts in die Castlewood Avenue ein. Rechts blickst du auf eine prächtige Warenauslage 28 und links findest du einzigartige Klamotten 29. Ebenfalls links stößt du auf das Swan Shopping Centre, wo du skandinavische Kleidung findest 30. Geh weiter und biege rechts zum Belgrave Square East und dann links in die Belgrave Avenue ab, wo du bis zu einem einzigartigen Vintage-Laden durchläufst 31. Hinter der Kreuzung geht es weiter geradeaus bis zur Anna Villa bis nach Ranelagh. Geh nach links in die Ranelagh Road für eine große Auswahl an Restaurants und Bars 32 33 34 35. Schließe die Wanderung mit einem *Pint* am Wasser ab 36.

SEHENSWÜRDIGKEITEN

③ Die Anfänge von **Christ Church Cathedral** gehen auf eine kleine Kapelle zurück, die einst die Wikinger hier bauten. Der heutige Steinbau wurde 1172 eingeweiht. Die riesige Kirche wird vor allem wegen des beeindruckenden Steinbogens viel fotografiert. Besuch auf jeden Fall die düstere Krypta und die mysteriösen Nischen. Auch sonst kannst du überall kuriose Sehenswürdigkeiten wie Geschenke von Wilhelm von Oranien oder mumifizierte Katzen und Ratten entdecken.

Christ Church Place, Dublin 8, christchurchcathedral.ie, Tel. 016778099, Mo–Sa 9.30–17.00, So 12.30–14.30 Uhr, Eintritt 8 €, Luas Four Courts

⑦ Das auf 1268 datierende **Dublin Castle** hatte für die Bewohner der Stadt immer einen unangenehmen Beigeschmack, denn der Bau diente fast sieben Jahrhunderte lang als Wohnraum für die englischen Besatzer. Auch das Bild von Justitia über dem Haupteingang sorgte für Widerwillen, denn ihr Gesicht ist auf das Schloss gerichtet und wendet sich somit vom irischen Volk ab. Heute dient Dublin Castle als Regierungsgebäude. Außerdem befindet sich darin ein Museum, wo du Einblicke in die Gründung von Dubh Linn durch die Wikinger sowie in die Entwicklung der Stadt in den darauffolgenden Jahrhunderten gewinnst.

Dame Street, Dublin 2, www.Dublincastle.ie, Tel. 016458800, Mo–Sa 9.45–16.45, So 12.00–16.45 Uhr, Eintritt 10 €, DART Tara Street

⑧ Der Bergbaumagnat Alfred Chester Beatty hat zeit seines Lebens Tausende orientalische Bücher und Manuskripte gesammelt, darunter einzigartige chinesische Jadebücher sowie eine große Anzahl üppig illustrierter Korane. Ein Teil der Sammlung wird in dem nach ihm benannten Museum ausgestellt, der **Chester Beatty Library**.

Dublin Castle, Dame Street, Dublin 2, www.cbl.ie, Tel. 014070750, Mo–Fr 10.00–17.00, Sa 11.00–17.00, So 13.00–17.00 Uhr, Nov.–Feb. Mo geschl., Eintritt kostenlos, DART Tara Street

⑪ Dort, wo bereits im 5. Jahrhundert eine Kirche stand, wurde 1191 **St. Patrick's Cathedral** errichtet. Im Inneren siehst du großformatige Wandmalereien, auch kannst du prächtige bleigefasste Fenster bewundern. Die beeindruckende

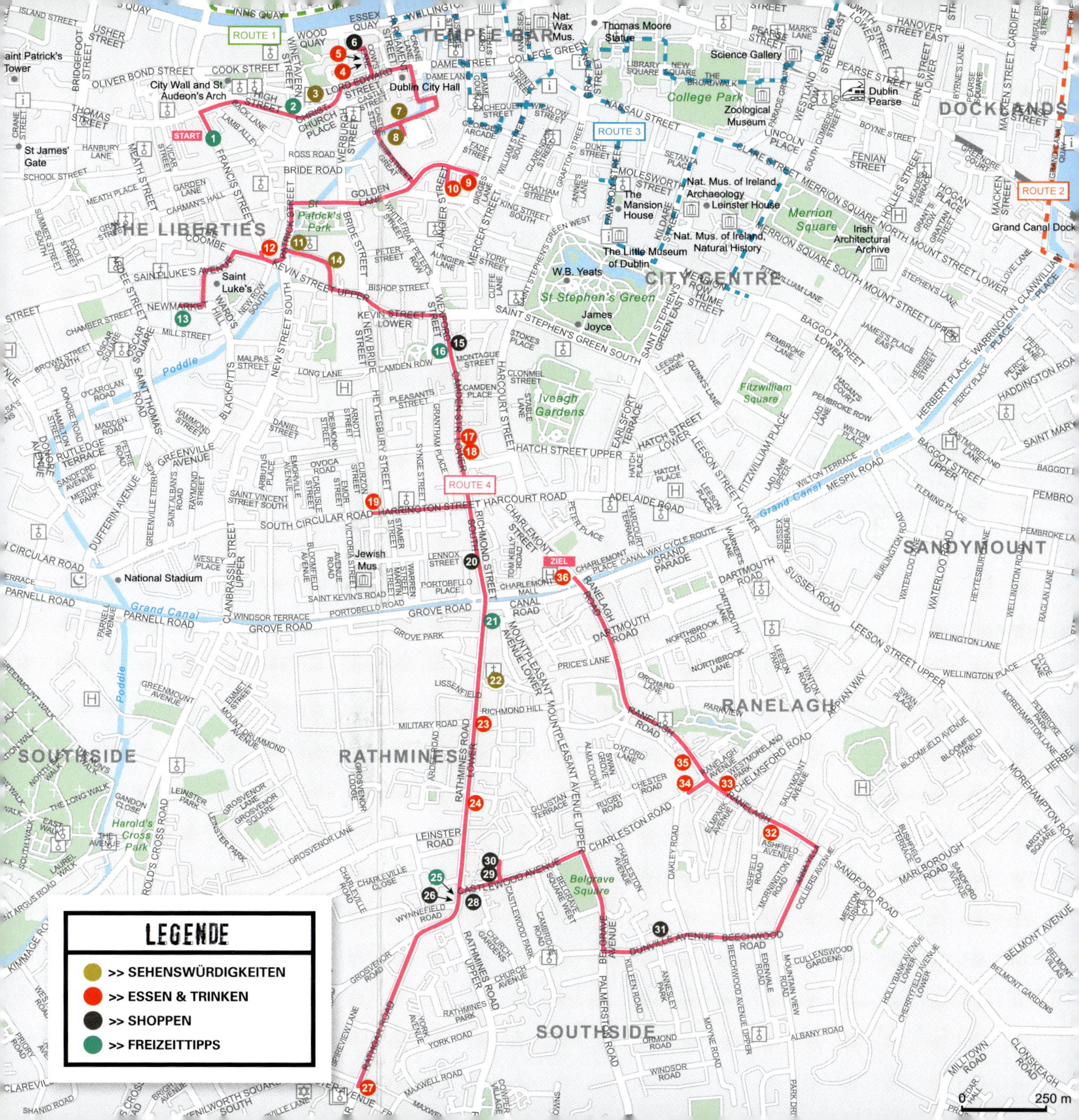

LEGENDE
>> SEHENSWÜRDIGKEITEN
>> ESSEN & TRINKEN
>> SHOPPEN
>> FREIZEITTIPPS
START
ZIEL
ROUTE 1
ROUTE 2
ROUTE 3
ROUTE 4
TEMPLE BAR
DOCKLANDS
THE LIBERTIES
CITY CENTRE
SANDYMOUNT
RANELAGH
RATHMINES
SOUTHSIDE
Saint Patrick's Tower
City Wall and St. Audeon's Arch
Dublin City Hall
Nat. Wax Mus.
Thomas Moore Statue
Science Gallery
College Park
Zoological Museum
Dublin Pearse
St James' Gate
St Patrick's Park
Nat. Mus. of Ireland, Archaeology
The Mansion House
Leinster House
Merrion Square
Nat. Mus. of Ireland, Natural History
Irish Architectural Archive
Grand Canal Dock
The Little Museum of Dublin
W.B. Yeats
St Stephen's Green
James Joyce
Saint Luke's
Iveagh Gardens
Fitzwilliam Square
Jewish Mus.
National Stadium
Grand Canal
Poddle
Belgrave Square
Harold's Cross Park
0
250 m

THE LIBERTIES, RATHMINES & RANELAGH

Hier bekommst du einen guten Eindruck vom Dublin des 21. Jahrhunderts **Ranelagh** ist das ultimative Viertel für alles, was in Dublin hip ist. **Rathmines** ist unterdessen ein Bollwerk der Studenten und Künstler. Einige erfreuen sich an der Ironie, dass Rathmines zugleich Standort eines Sakralbaus ist, dessen große grüne Kuppel aus allem herausragt: **The Church of Mary Immaculate, Refuge of Sinners**. In beiden Vierteln wurden viele alte Backsteinhäuser zu gemütlichen Geschäften oder Wohnungen umgebaut. Zwischendrin haben sich überall trendige Pubs und Restaurants breitgemacht.

WENIG ZEIT? DAS SIND DIE HIGHLIGHTS:
MARSH'S LIBRARY + STELLA THEATRE + BLACKBIRD + TEELING WHISKEY DISTILLERY + WHELAN'S

TIPPS

// Interessante Route, wenn du Dublin schon kennst // Eine prima Route zum Radeln // Einblicke in die reiche Geschichte Dublins

1. Art & Antique Quarter
2. Dublinia
3. Christ Church Cathedral
4. Queen of Tarts
5. Piglet Wine Bar
6. Scout
7. Dublin Castle
8. Chester Beatty Library
9. P. Mac's
10. Lucky Tortoise Dumpling Company
11. St. Patrick's Cathedral
12. Two Pups Coffee
13. Teeling Whiskey Distillery
14. Marsh's Library
15. Decor
16. Whelan's
17. Delahunt
18. Pickle
19. ALMA.
20. Wall & Keogh
21. The MART Gallery
22. The Church of Mary Immaculate, Refuge of Sinners
23. Blackbird
24. Farmer Browns
25. Stella Theatre
26. April and the Bear
27. Fia Café
28. The Source Bulk Foods Rathmines
29. Beautiful South
30. Bow & Pearl
31. No. 38
32. Cinnamon
33. The Taphouse
34. Urban Health
35. Host
36. The Barge Gastro Bar

Kirche im gotischen Stil wurde zu Ehren des irischen Schutzpatrons Saint Patrick errichtet. Dieser kam 432 als Missionar auf die Insel und vertrieb der Legende nach alle Schlangen von dem Eiland. Sein Todestag am 17. März wird jedes Jahr mit einem ausgelassenen Fest, dem St. Patrick's Day, gefeiert.

21 St Patrick's Close, Dublin 8, www.stpatrickscathedral.ie, Tel. 014539472, Mo–Fr 9.30–17.00, Sa 9.00–18.00, Nov.–Feb. Sa bis 17.00 Uhr, Eintritt 8 €, Bus 77a Dublin City South, Kevin Street

(14) Etwas versteckt neben St. Patrick's Cathedral befindet sich die schöne, kleine und öffentlich zugängliche Schwester der Bibliothek The Long Room: **Marsh's Library**, die wie aus dem Bilderbuch scheint. Eine Legende besagt, dass die Bücherei früher Probleme mit Studenten hatte, die ihre Bücher nicht zurückgebracht haben. Daraufhin wurde der Verleih verboten. Wer dennoch etwas nachlesen wollte, wurde mitsamt den Büchern eingeschlossen. Die entsprechenden Kammern gibt es bis heute – ebenso wie geistreiche Freiwillige, die vor Ort Geschichten über die einzigartige Bibliothek erzählen. Auch organisiert Marsh's Library regelmäßig spannende Aktivitäten für Kinder.

St Patrick's Close, Wood Quay, Dublin 8, www.marshlibrary.ie, Tel. 014543511, Mo–Fr 9.30–17.00, Sa 10.00–17.00 Uhr, Eintritt 5 €, Bus 27, 56a, 77a Dublin City South, Kevin Street

(22) Fast überall in Rathmines und Ranelagh blickst du auf das Dach von The Dome. Das große grüne Kupferdach besitzt eine fast schon magische Anziehungskraft. Die Kirche selbst ist derweil fast unbekannt. Sie heißt offiziell **The Church of Mary Immaculate**, **Refuge of Sinners**, stammt aus dem Jahr 1856 und brannte 1920 vollständig aus. Während des Wiederaufbaus gingen die Gottesdienste einfach weiter, auch blieb die Kirche ein Zufluchtsort für Flüchtlinge. Das Gotteshaus ist von außen schlicht, doch ihr Inneres ist beeindruckend. Wenn keine Messen stattfinden, ist die Kirche meist fürs Publikum geöffnet.

Rathmines Road Lower, Dublin 6, www.rathminesparish.ie, Tel. 014971531, tgl. 10.00–16.00 Uhr, kein Zugang während der Messen, Eintritt kostenlos, Luas Charlemont, Bus 14, 14,c, 15 Ranelagh, Rathmines Road Lower

ESSEN & TRINKEN

④ Im Mini-Teehaus **Queen of Tarts** gibt dir der Geruch von Gebäck das Gefühl, als würdest du in Großmutters Küche darauf warten, dass die Törtchen fertig sind. Eigentlich kannst du Dublin nicht verlassen, ohne hier etwas bestellt zu haben.
Cow's Lane, Dame Street, Dublin 8, www.queenoftarts.ie, Tel. 016334681, Mo–Do 8.00–19.00, Fr–Sa 8.00–20.00, So 8.30–19.00 Uhr, Preis Torte & Getränk 9 €, DART Tara Street, Luas Jervis

⑤ Für ein köstliches Diner mit frischem Fisch, Meeresfrüchten und Gerichten mit mediterranem Dreh besuchst du die **Piglet Wine Bar**. Das Konzept sieht vor, dass du dir ein Dreigangmenü aus den Tagesgerichten zusammenstellst. Wahlweise aber kannst du dir auch einzelne Speisen von der Karte bestellen.
5 Cow's Lane, Dublin 8, pigletwinebar.ie, Tel. 017079786, tgl. 12.30–23.00 Uhr, Preis Dreigangmenu 35 €, Bus 54a, 56a, 150 Exchange Street Upper

⑨ Chesterfield-Sofas, Tropfkerzen, Brettspiele und Schirmlampen. All dies macht **P. Mac's** zum perfekten Ort, um den Tag abzuschließen. Schau, ob du einen Platz in den Snugs bekommst, den intimen Separees. P. Mac's ist auch für einen Drink am Freitagnachmittag oder den späten Samstag ein populärer Ort.
30 Stephen Street Lower, Dublin 2, fb pmacspub, Tel. 014053653, Mo–Do & So 12.00–0.00, Fr–Sa 12.00–1.00 Uhr, Preis Pint 5,50 €, Luas St Stephen's Green

⑩ In der **Lucky Tortoise Dumpling Company** serviert man köstliche Dim-Sum. Auch zaubert die Crew perfekte Okonomiyaki (japanische Pfannkuchen) auf den Teller. Nicht zuletzt kannst du Gerichte mit den Tischgenossen teilen (inklusive vegetarischer und veganer Alternativen).
8 Aungier Street, Dublin 2, luckytortoise.ie, Tel. 0876038618, Mi–So 12.00–22.00 Uhr, Preis komplettes Menü 28 €, Bus 9, 14, 15, 16, 65 South Great George's Street

⑫ Mitten in den Liberties liegt mit **Two Pups Coffee** eines der besten Brunch-Restaurants Dublins. Hier gibt es originelle Gerichte, guten Kaffee und köstliche Süßigkeiten. An warmen Tagen ist der Eiskaffee eine Wucht.
74 Francis Street, Dublin 8, fb twopupscoffee, Mi–Fr 9.00–15.00, Sa–So 10.00–16.00 Uhr, Preis Brunch 12 €, Bus 27, 56a, 77a, 151 St Luke's Avenue

⑰ Cocktailbar, Kaffeehaus und Restaurant in einem. So kombiniert **Delahunt** Tag für Tag die irische Vergangenheit und Gegenwart. Du musst du dir das so vorstellen, dass hier Gardinen mit Kanten, komfortable Chesterfield-Sofas, hippe Cocktails, modern angerichtete Teller sowie die letzten Kaffee- und Teetrends Hand in Hand gehen. Für Feiern solltest du reservieren, aber auch wenn du nur einen Drink nehmen möchtest, solltest du dieses Lokal nicht ignorieren. Tipp: Montags bis donnerstags wird ein Dreigangmenü zum Vorzugspreis angeboten.
39 Camden Street Lower, Dublin 2, www.delahunt.ie, Tel. 015984880, Mo–Fr 10.00–15.00 & 17.00–21.30, Sa 17.00–21.30 Uhr, Preis Zweigangmenu 38 €, Dreigangmenu 44 €, Luas Harcourt

⑱ Die indische Küche ist in Irland sehr beliebt. Doch wo du vielleicht einen Klassiker erwarten würdest, ist das **Pickle** doch deutlich anders. Das Lokal konzentriert sich auf die nordindische Küche. Die Teller werden prächtig angerichtet und die Gerichte kommen in einem modernen Gewand daher.
43 Camden Street Lower, Dublin 2, www.picklerestaurant.com, Tel. 015557755, Di–Sa 17.00–22.00, So 15.00–21.30 Uhr, Preis 24 €, Luas Harcourt

10

27
fia

24

9
P. MAC'S
BAR

35

35

(19) In diesem argentinischen Frühstücks- und Lunchlokal ist alles ein bisschen anders. Bei **ALMA.** wird alles mit den besten Zutaten und einem südamerikanischen Dreh gereicht. Klassiker sind die Dulce-de-Leche-Pfannkuchen und der Kaffee mit derselben Zutat. Doch auch herzhafte Gerichte wie das Steak mit Chimichurri solltest du probieren!
12 South Circular Road, Dublin 8, www.alma.ie, Tel. 0868158324, tgl. 9.00–16.00 Uhr, Preis 12 €, Luas Harcourt

(23) Rathmines ist ein beliebtes Studentenviertel. Für die neuesten Biertrends und gute Musik versammeln sich die Studenten im **Blackbird**. Der Pub ist bekannt für sein großes Angebot an Craftbeer aus der Region. Die umliegenden Brauereien nutzen den Pub denn auch, um ihre Produkte von einem fachkundigen Publikum testen zu lassen. Bei schönem Wetter lockt ein Biergarten. Sonst kannst du hier beim Bier an Gesellschaftsspielen teilnehmen.
82-84 Rathmines Road Lower, Dublin 6, www.blackbirdrathmines.com, Tel. 015591940, So–Do 16.00–0.00, Fr–Sa 16.00–1.00 Uhr, Preis Pint 5 €, Bus o. a. 14, 14c, 15a, 15b, 15d Rathmines, Military Road

(24) Grace und Finnuala haben lange von ihrem Wohnzimmerrestaurant geträumt, das sie 2011 schließlich eröffnen konnten. Seitdem gab es bei **Farmer Browns** zunächst Lunch und Brunch an sechs Tischen ohne irgendwelchen Firlefanz. Die Locals nahmen das Angebot rasch an, es kamen weitere Tische, ein Schrebergarten und Abendessen hinzu. Einfache, ehrliche Gerichte, die irische und amerikanische Küche kombinieren. Der Brunch ist köstlich und die *Poached Eggs and Avocado* kaum zu übertreffen. An der Bath Avenue gibt es eine Filiale.
170 Rathmines Road Lower, Dublin 6, www.farmerbrowns.ie, Tel. 0860468837, tgl. 10.00–22.00 Uhr, Preis Brunch 12,50 €, Diner 17,50 €, Bus o. a. 14, 14c, 15a, 15b, 15d Rathmines, Rathmines Town Centre

(27) Obwohl das **Fia Café** nur ein kleines Nachbarschaftscafé ist, stellen die Betreiber alles bis zum Brot selbst her. Das Ergebnis: Kaffee, Lunch und Gebäck, die gleichermaßen lecker sind. Herausragend ist die Schokotorte mit Kaffeebuttercrème und gesalzenem Karamell.
155b Rathgar Road, Dublin 6, www.fia.ie, Tel. 014413344, Mo–Fr 7.30–16.00, Sa–So 10.00–16.00 Uhr, Preis Lunch 10 €, Bus 12, 15, 65 Spire View Lane

(32) Das **Cinnamon** ist ein schönes, großzügig angelegtes Restaurant und somit ein schöner Ort für einen längeren Aufenthalt. Für alle, die es eilig haben, gibt es diverse Sitzgelegenheiten und Plätze an der Bar. Doch du kannst hier auch romantisch zu zweit tafeln. Der große Holzschrank, der mit Weinflaschen gefüllt ist, rundet das Interieur ab. Das Cinnamon ist den ganzen Tag über geöffnet, du kannst sowohl zum Brunch wie auch zum Abendessen anrücken. Am Abend stehen irische Eintöpfe aber auch mediterrane Gerichte auf der Karte.
83–87 Ranelagh, Dublin 6, www.cinnamon.ie, Tel. 019013020, Mo–Fr 8.00–22.30, Sa–So 9.00–22.30 Uhr, Preis 20 €, Luas Ranelagh

(33) Wenn du dich auf angenehme Weise mit dem örtlichen Craftbeer vertraut machen möchtest, bist du im **The Taphouse** richtig. Die Leute wissen hier, wovon sie sprechen, und sie nehmen sich die Zeit, nach dem Bier zu suchen, das am besten zu dir passt. Das Taphouse serviert zudem überdurchschnittlich gutes *Pub Food*. Vor allem die Burger sind ein Fest – nicht zuletzt fürs Portemonnaie.
60 Ranelagh, Dublin 6, www.taphouse.ie, Tel. 014913436, Mo–Do 12.30–23.30, Fr–Sa 12.30–0.30, So 12.30–23.00 Uhr, Preis 15 €, Luas Ranelagh

(34) Für einen veganen und glutenfreien Start in den Tag, ein ebensolches Mittagessen oder einen Snack kannst du **Urban Health** aufsuchen. Das Frühstück ist nachhaltig und frisch, die Säfte gesund und aromatisch und der Lunch grün und köstlich. Eigentümerin Dee gibt über dem Lokal Yogastunden.
9 Fields Terrace, The Triangle, Dublin 6, www.urbanhealth.ie, Tel. 014975977, Mo–Fr 8.00–18.30, Sa 9.00–18.00 Uhr, Preis Lunch 10 €, Luas Ranelagh

(35) Die Anwohner lieben dieses Lokal seit seiner Eröffnung – und dies zu Recht! Die Einrichtung ist minimalistisch-skandinavisch. Auch bietet das **Host** ein *Tasting Menu* an, das aus kleinen Gerichten zum Teilen besteht. Bestelle dir dazu einen Wein von der gut sortierten Karte und du wirst das Lokal mit einem Lächeln auf den Lippen wieder verlassen. Vergiss nicht zu reservieren.
13 Ranelagh, Dublin 6, www.hostrestaurant.ie, Tel. 015612617, Di–Do 17.30–21.30, Fr–Sa 12.30–14.30 & 17.30–22.30, So 17.00–21.00 Uhr, Preis 35 €, Luas Ranelagh

(36) Direkt am Kanal befindet sich mit dem gemütlichen Pub **The Barge Gastro Bar** eine Dubliner Institution. Vor allem im Sommer stehen die Locals in großen

10

24

9
Cheers!

Gruppen auf dem Bürgersteig, wo sie einen *Pint* in der Sonne genießen. Während der Saison werden hier Rugbyspiele übertragen. Wenn Irland spielt, ist das eine Erfahrung für sich. Die Küche ist für gutes *Pub Food* bekannt.
42 Charlemont Street, Ranelagh, Dublin 2, www.thebarge.ie, Tel. 014751869, Mo–Do 9.00–23.30, Fr 9.00–1.30, Sa 10.00–1.30, So 10.00–23.00 Uhr, Preis 15 €, Luas Green Line Charlemont

SHOPPING

⑥ Es ist schwer, im **Scout** nichts zu kaufen. Das Lifestyle-Geschäft verfügt über eine sorgfältig zusammengestellte Kollektion aus Damenkleidung und Dingen, die man haben möchte. Sie stammen von irischen und englischen Designern. Ebenso schön wie originell sind die Drucke auf ihren Schals und Decken.
5 Smock Alley Court, Essex Street West, Dublin 2, www.scoutDublin.com, Tel. 016778846, Mo–Mi & Fr–Sa 10.30–18.00, Do 10.30–18.30, So 13.00–17.00 Uhr, DART Tara Street

(15) Das **Decor** ist ein leicht verrückter Laden. Hier sammelt man gebrauchte Sachen und Kunstobjekte aus aller Welt, um diese in einem abgefahrenen Rahmen zu präsentieren. Das Ladenlokal ist bis unter die Decke voll, was nicht mehr hereinpasst, steht draußen. Hier findest du alles, was du nicht suchst. Eine große Sammlung mit Werken von DR Dublin etwa, exzentrische, leicht erotische Skulpturen, die man sich zu zeigen trauen muss.

14 Wexford Street, Dublin 2, fb decorDublin, Tel. 014759010, Mo–Sa 10.00–18.00 Uhr, Luas St Stephen's Green

(20) **Wall & Keogh** ist ein hippes Teegeschäft, dessen Mitarbeiter einen hohen Sachverstand besitzen. Die vielen Teesorten sind in großen Gläsern auf der Ladentheke aufgestellt und allesamt käuflich zu erwerben. Das Geschäft beliefert Hotels und Restaurants in der ganzen Stadt, weshalb du wahrscheinlich schon mal etwas von ihnen probiert hast. Wenn du Zeit hast, bestelle dir einen Tee mit etwas Süßem – oder teste mal, wie Tee mit Sushi schmeckt.

45 Richmond Street South, Dublin 6, www.wallandkeogh.ie, Tel. 014759052, Mo–Fr 7.30–19.30, Sa–So 9.00–18.30 Uhr, Luas Harcourt

(26) Trotz der Vorliebe für Blumentapeten und wuchtige Möbel, welche die Iren mit den Briten teilen, gibt es in Dublin auch hippe Einrichtungsgeschäfte. Ein gutes Beispiel ist **April and the Bear**. In dem kleinen Laden findest du geradlinige, minimalistische Möbel, Service mit einem Dreh, besondere Lampen und einzigartige Tapeten.

213 Rathmines Lower, Dublin 6, www.aprilandthebear.com, Tel. 016169888, Mo–Sa 10.00–18.00, So 12.00–17.00 Uhr, Bus 14,15, 65, 83, 140, 142 Rathmines

(28) Lust auf ein einzigartiges Supermarktkonzept, wo du alles nach Gewicht kaufst? Dann ab zu **The Source Bulk Foods Rathmines**. Der Laden ist allein wegen der vielen Schaukästen eine instagramwürdige Augenweide, in der es sich umzuschauen lohnt. Du bringst deine eigenen Behältnisse mit (oder kaufst diese hier) und bestückst sie mit Produkten aus dem Laden. Auch gibt es hier lose Ware mit einem kleinen ökologischen Fußabdruck.

39–40 Castlewood Avenue, Dublin 6, www.thesourcebulkfoods.ie, Tel. 0874078357, Mo–Fr 9.00–19.00, Sa 9.00–18.30, So 10.00–18.00 Uhr, Bus 14,15, 65, 83, 140, 142 Rathmines

(29) Sowohl die Nord- wie auch die Süd-Dubliner behaupten gerne, ihre Seite sei die bessere. Der Süden gilt dabei als schicker und eleganter, während der Norden etwas rauer ist. Im **Beautiful South** geben sie sich alle Mühe, den Ruf des schicken Südens zu zementieren. Das Geschäft ist nicht groß, wohl aber gibt es eine gute Auswahl an Kleidern von Marken, die du so schnell nirgendwo anders finden wirst.

Unit 3d, Castlewood Avenue, Swan Centre, Dublin 6, fb beautifulsouthd6, Tel. 14126691, Mo–Mi & Fr 10.00–18.00, Do 10.00–19.00, So 10.00–17.00 Uhr, Bus 14, 15, 15a,15b, 15d Swan Centre

(30) Geschäfte wie das **Bow & Pearl** sind selten in Dublin. Der entzückende kleine Laden im Swan Shopping Centre verkauft von komfortablen Westen über festliche Röcke bis hin zu originellem Schmuck vor allem Waren aus Skandinavien.

Swan Centre, Dublin 6, www.bowandpearl.com, Tel. 014967408, Mo–Sa 10.00–18.00, So 12.00–17.30 Uhr, Bus 14, 14c, 15a, 15b, 15d Rathmines, Lower Rathmines Road

(31) Winziger Secondhandladen mit Vintage-Klamotten: Im **No. 38** findest du schöne Einzelstücke, wobei dir die Eigentümerin gerne behilflich ist, etwas Passendes zu finden. In der Straße gibt es zudem einige nette Cafés.

38 Dunville Avenue, Dublin 6, www.no38.ie, Tel. 0868289572, Di & Do–Sa 9.30–17.30, Mi 9.30–17.00 Uhr, Luas Beechwood

FREIZEITTIPPS

(1) Dublin verfügt über sein eigenes **Art & Antique Quarter**. Vor allem in dieser Straße, aber auch in den Seitenstraßen, wimmelt es von renommierten Antiquitätengeschäften mit Schaufenstern voller Möbel, Juwelen, prächtigem irischem Tafelsilber, handgemachter Füller und Tintenfässer aus vergangenen Zeiten. Zwischen den Geschäften wechseln sich Graffitis, Secondhand-Läden und Pop-up-Cafés ab.

Francis Street, Dublin 8, fb Dublinsantiquequarter, Di–Sa 10.00–17.00 Uhr, Luas Four Courts, Bus 13 Liberties, Thomas Street

29

28
STEP 2
FILL AS LITTLE
OR AS MUCH
AS YOU LIKE

15
INS

② Wusstest du, dass die Wikinger Dublin gegründet haben? Im **Dublinia** erfährst du alles über diese historische Tatsache. Schau dir an, wie die Wikinger gewohnt haben, besuch einen mittelalterlichen Markt und schau Rittern tief in die Augen. Das interaktive Museum schickt dich auf eine Zeitreise, die für Jung und Alt interessant ist. Auch siehst du hier, wie die Archäologen heute arbeiten. Zum Abschluss solltest du noch den Schlossturm besteigen, die Aussicht ist fantastisch!
St Michaels Hill, Christ Church, Dublin 8, www.Dublinia.ie, Tel. 016794611, tgl. 10.00–17.30 Uhr, Eintritt 12 €, Luas Four Courts, Bus 13 Liberties, High Street

⑬ Besuch die einzig in Betrieb befindliche Whiskey-Destillerie Dublins. Die engagierten Guides in der **Teeling Whiskey Distillery** wissen eine Menge mitreißender Anekdoten über die Whiskey-Produktion in der Stadt und speziell in The Liberties zu berichten. Whiskey-Fans sollten vorab eine Verkostung mit drei verschiedenen Tropfen buchen. In der Bar gibt es Cocktails auf Whiskey-Basis.
13–17 Newmarket, Dublin 8, teelingdistillery.com, Tel. 015310888, Mo–Fr 8.00–17.00, Sa–So 9.00–17.00 Uhr, Preis abhängig von der Führung 17–30 €, Bus 27, 56a, 77a, 77x, 151 Newmarket Street

(16) Musikfans dürfen das **Whelan's** nicht verpassen: Jeden Abend treten hier Bands oder Singer-Songwriter auf, die den großen Durchbruch noch vor sich haben. Schon Jeff Buckley, Nick Cave sowie Peter Buck und Mike Mills von REM haben auf der Bühne des kleinen Musiktempels gestanden. Das Programm findest du auf der Website.

25 Wexford Street, Dublin 2, www.whelanslive.com, Tel. 014780766, Mo–Do & So 17.00–2.00, Fr–Sa 17.00–3.00 Uhr, durchschnittlicher Eintritt 12,50 €, Luas Harcourt

(21) **The MART Gallery** befindet sich in einer ehemaligen Feuerwache, die an ihren großen roten Türen leicht zu erkennen ist. Hier finden Wechselausstellungen von aufstrebenden Künstlern statt, weshalb man der Konkurrenz stets leicht voraus ist. Gezeigt wird alles von Fotos über Malerei bis hin zu Performances. Schau auf die Website, um dich über das aktuelle Programm zu informieren.

190a Rathmines Road Lower, Dublin 6, mart.ie, Tel. 015159692, Di–Sa 13.00–18.00 Uhr, Bus 14, 15, 65, 83, 140, 142, Rathmines

(25) Den Glamour der 20er-Jahre erlebst du während eines unvergesslichen Abends im **Stella Theatre**, das 1923 als größtes Kino Irlands mit 1283 Plätzen eröffnet wurde. Das prächtige Art-déco-Kino zeigt vor allem Klassiker wie *Casablanca* und *Pulp Fiction*. Der Saal mit seinen hohen Decken, den Originaldetails, den luxuriösen Sesseln und den kleinen Lampenschirmen ist ein wahres Schmuckstück. Getränke und Snacks kannst du mit in den Saal nehmen. Nach dem Film trifft man sich in der nicht weniger prächtigen Cocktailbar. Tipp: Schau nach Familienvorstellungen am Sonntagmorgen und -mittag sowie nach den Freitagnachmittagen mit Drinks, die bei den Einheimischen beliebt sind.

207–209 Rathmines Road Lower, Dublin 6, stellacinemas.ie, Tel. 014967014, Mo–Fr 17.00–0.00, Sa–So 9.00–2.00 Uhr, Preis Kinokarte 19 €, Bus 14, 14c, 15n Rathmines, Lower Rathmines Road

WAS ES SONST NOCH GIBT

Wenn du den Routen dieses Buchs folgst, gelangst du automatisch zu den Highlights der Stadt. Dennoch aber gibt es auch einige Sehenswürdigkeiten abseits der Routen, die Erwähnung verdienen. Diese findest du nachfolgend. Beachte dabei, dass einige von ihnen vom Zentrum aus eher schwierig erreichbar sind, doch mit öffentlichen Verkehrsmitteln ist es kein Problem.

Ⓐ **Kilmainham Gaol** ist ein Muss. Während einer Führung bekommst du einen guten Eindruck davon, welche Rolle dieses Gefängnis in der irischen Geschichte gespielt hat. Während der Hungersnot liefen die Zellen über vor Insassen, die Lebensmittel gestohlen hatten. Sie lebten unter erbärmlichen Umständen. Später wurden die Anführer des berüchtigten Osteraufstands hier eingekerkert und danach exekutiert. Kauf deine Tickets am besten online, so kommst du nicht umsonst.

Inchicore Road, Dublin 8, kilmainhamgaolmuseum.ie, Tel. 014535984, tgl. Sep.–Jun. 9.30–17.30 (letzte Führung 16.15), Jul.–Aug. 9.00–18.45 (letzte Führung 17.30 Uhr), Eintritt 8 €, Luas Heuston Station

Ⓑ Das **Irish Museum of Modern ART (IMMA)** befindet sich in einem ehemaligen Krankenhaus für Kriegsveteranen aus dem Jahr 1684. Der letzte Soldat wurde erst 1929 entlassen. Das heutige Museum zeigt eine Mischung aus internationaler und irischer Kunst mit den Schwerpunkten 20. und 21. Jahrhundert. Zu sehen sind Werke unter anderem von Picasso und Miró. Hinzu kommen häufig Sonderausstellungen. Vergiss nicht, den Skulpturengarten zu besuchen.

Royal Hospital, Military Road, Dublin 8, www.imma.ie, Tel. 016129900, Di–Sa 11.30–17.30, So 12.00–17.30 Uhr, Eintritt kostenlos außer Sonderausstellungen, Luas Heuston Station

Ⓒ Im Jahr 1959 hat Arthur Guinness die Pforten seiner St. James's Gate Brewery geöffnet. Der Brauer war ein Revolutionär in Sachen Personalführung und hat nicht zuletzt deswegen eine große Bedeutung für das irische Volk. Heute befindet sich in der alten Betriebshalle **The Guinness Storehouse**, ein interaktives Museum, dessen Besucher einiges über Zutaten, Herstellung und Vergärung erfahren. Ja, es gibt sogar eine besondere Verkostungsmethode. Ein

Pint ist im Preis inbegriffen. Diesen trinkst du entweder in der 360 Grad Gravity Bar mit Aussicht über Dublin und die Wicklow Mountains, oder du zapfst es dir selbst während einer Einführung in die irische Zapfkunst. Du hast die Qual der Wahl!

St James's Gate, Dublin 8, www.guinness-storehouse.com, Tel. 014084800, tgl. 9.30–19.00 (letzter Einlass 17.00 Uhr), Eintritt 17,50 €, Luas James's, Luas Heuston

Ⓓ Die Restaurantkritikerin und Food-Bloggerin Française Ketty nimmt Woche für Woche Gäste mit auf eine kulinarische Entdeckungsreise durch Dublin. Freu dich nicht zu früh auf die bekannten *Fish & Chips*, denn du besuchst eher kleine lokale Unternehmen. Durch die Stadt streunend, berichtet Française über die neuesten Hotspots und die irische Esskultur, auch zeigt sie, wo die Locals gerne essen. Die entspannte **Delicious Dublin Tour** dauert etwa 3,5 Stunden, danach brauchst du den Rest des Tags nichts mehr zu essen. Nach der Anmeldung erhältst du Informationen zum Treffpunkt.

O'Connoll Street, Dublin, www.deliciousDublintours.com, Tel. 0876196619, Führungen Do–Sa 10.45, So 11.00 Uhr, Preis Tour 60 €, Luas Trinity, DART Connolly

Ⓔ Irland besitzt einige Nationalsportarten, denen du nirgendwo anders begegnest. Eine davon ist Gaelic Rugby. Es dauert eine Weile, bis du die Regeln verstanden hast, doch die Spiele sind intensiv und dadurch auch im Stadion sehr lohnend. In Dublin gibt es hierfür keinen besseren Ort als das **Croke Park Stadium**, das 85000 Zuschauern Platz bietet und damit das zweitgrößte Europas ist. Informiere dich im Netz über eventuelle Spiele und kauf direkt deine Tickets. Der Besuch im Stadion, das mit fröhlich singenden Iren gefüllt ist, ist eine unvergessliche Erfahrung für Jung und Alt. Abgesehen von den Spielen kannst du auch für eine Stadionführung vorbeikommen oder sogar eine Skyline Tour mit Blick auf Dublin buchen. Wenn du noch mehr über die irischen Sportarten wie Hurling oder Gaelic Football wissen möchtest, kannst du das **GAA (Gaelic Athletics Association) Museum** besuchen, das sich im Croke Park Stadion befindet.
Jones' Road, Drumcondra, Dublin 3, crokepark.ie, Tel. Stadion 018192300, Museum 018192323, Stadion Mo–Sa 9.00–17.00, So 10.00–17.00, Museum Jan.–Mai & Sep.–Dez. Mo–Sa 9.30–17.00, So 11.30–17.00, Jun.–Aug. Mo–Sa 9.30–18.00, So 10.30–17.00 Uhr, Preis Stadiontour 10 €, Skyline Tour 21 €, Eintritt Museum 7 €, DART Drumcondra

Ⓕ Mal kurz aus der vollen Stadt raus? Dann ab zum **North Bull Island**, das nur 4 Kilometer von der City entfernt ist und über einen ruhigen Strand mit angrenzendem Naturreservat verfügt. Wegen seiner einzigartigen Flora und Fauna steht das Areal auf der Liste des UNESCO-Weltnaturerbes. Das Meer ist hier besonders sauber, weshalb du die Badesachen einpacken solltest. Auch kannst du hier kitesurfen und wandern. Hin kommst du mit öffentlichen Verkehrsmitteln oder mit dem Rad, allerdings solltest du dir Proviant mitnehmen, denn vor Ort gibt es keine Geschäfte.
Bull Island Dollymount, Dublin 5, www.visitDublin.ie, DART Northbound Clontarf

Ⓖ Suche dir einen schönen Tag für eine **Klippenwanderung** aus, zieh gute Schuhe an und nimm den Zug nach **Bray**. Der Küstenort besitzt einen herrlich breiten Kieselstrand, wo sich die Iren sowohl im Sommer wie auch im Winter den Wind um die Ohren blasen lassen. Am Ende des lang gezogenen Strands führt der Küstenweg nach oben, ab hier sind keine Autos mehr zugelassen. Nun befindest du dich nämlich auf einem Wanderweg, der bis nach **Greystones** führt. Mit dem Meer auf der linken Seite weit unter dir vergisst du schnell, wo du bist. Im

Spätsommer pflückst du unterwegs Brombeeren und Himbeeren. Im gemütlichen Greystones kannst du dich anschließend von den Strapazen erholen.
Bray Cliffwalk, DART Bray, DART Greystones

Ⓗ Ein **Tagesausflug in den Süden** ist eine besondere Erfahrung: Je weiter du in Richtung Killiney kommst, umso mediterraner wirkt die Umgebung. Palmen, Hügel und italienisch aussehende Häuser wechseln sich mit prächtigen Aussichten ab. Absolutes Highlight ist die hervorragende Aussicht über die Bucht von Dublin. Die südländische Atmosphäre setzt sich im Schlösserdorf Dalkey fort. Früher zählte der Ort stolze sieben Schlösser, deren Geschichte auf farbenfrohe Weise im Dalkey Castle Heritage Centre erzählt wird.
Killiney, DART Killiney

Ⓘ **Malahide** ist nicht nur ein nördlicher Vorort Dublins, sondern auch ein schickes Küstenstädtchen. Das ehrwürdige Malahide Castle mit seinen riesigen Gärten komplettiert den Bilderbucheindruck. Schließe den Tag ab, indem du an einem der schönsten Strände an der Irischen See spazieren gehst.
Malahide, County Dublin, www.malahidecastleandgardens.ie, Tel. 018462184, Apr.–Sep. tgl. 10.00–17.00, Okt.–März Mo–Sa 10.00–17.00, So 11.00–17.00 Uhr, Eintritt 8 €, DART Malahide

Ⓙ Egal ob im Sommer oder im Winter: Wenn die Sonne scheint, verbreiten die Palmen und Villen in dem Strandboulevard von Dún Laoghaire ein Saint-Tropez-Gefühl. Der Fischerort ist vor allem bei den Locals populär. Insbesondere an den Wochenenden zieht es Familien aus Dublin hierhin, die den Pier besuchen, einen *Pint* trinken oder im eiskalten Wasser schwimmen. Sonntags ist es besonders voll. Während des **People's Park Sunday Market** stehen Dutzende Foodtrucks mit lokalen Leckereien im Park. Suche dir, worauf du Appetit hast, lass dich irgendwo im Park nieder und genieße den Anblick der vorbeiziehenden Menschen.
People's Park, Dún Laoghaire, So 11.00–16.00 Uhr, DART Sandycove & Glasthule, DART Dún Laoghaire

Ⓚ Die prächtigen Seen von **Glendalough** muten märchenhaft an und sind vor allem für Naturfreunde ein Muss. Du kannst an organisierten Ausflügen teilnehmen oder dir ein Auto mieten, aber auch mit der DART nach Booterstown fah-

ren und von hier an der Haltestelle Stillorgan Road den Bus nehmen. Das scheint ein großer Aufwand, doch die prächtigen Aussichten und die verschiedenen Wanderungen um die See von Glendalough lohnen sich auf jeden Fall.

Glendalough, www.glendalough.ie, DART Booterstown, Bus Stillorgan Road

Ⓛ Auf dem Meeting House Square findet jeden Samstag der Temple Bar Weekend Market statt, den die Dubliner auch als **Farmer's Market** kennen. Kleine Bauernhöfe verkaufen hier ihre lokal produzierten Waren, häufig in Bioqualität. Gönn dir eine frische *Pastry* (Pastete) oder ein Stückchen Quiche. Und wie wäre es mit ein wenig Luxus in Form von Austern mit einem Gläschen Wein, während du dir an den Stapeln mit frischem Gemüse und Brot die Augen ausguckst?

Meeting House Square, Temple Bar, Dublin 2, www.templebarmarkets.com/foodmarket, Sa 10.00–16.00 Uhr, DART Tara Street, Luas Jervis

LOV

Hello!
To enquire about sitting inside or outside, please queue along into the cafe entry & wait.
We will be right with you
Hello!
Please wait here if you'd like to sit inside or outside.
we'll be right with you.

REGISTER

SEHENSWÜRDIGKEITEN

ESSEN & TRINKEN

REGISTER

SHOPPEN

FREIZEITTIPPS

VERKEHR

IN GLEICHER REIHE

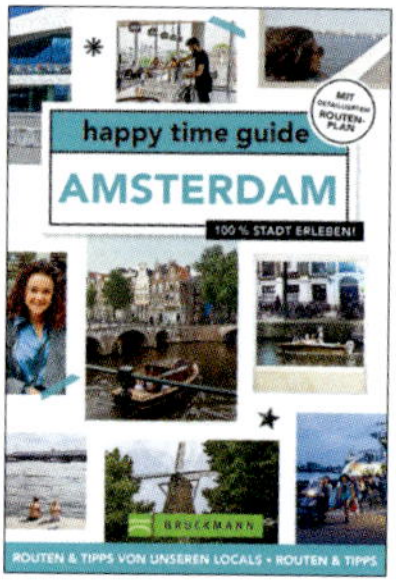

ISBN 978-3-7343-2021-7

ISBN 978-3-7343-2583-0

ISBN 978-3-7343-1878-8

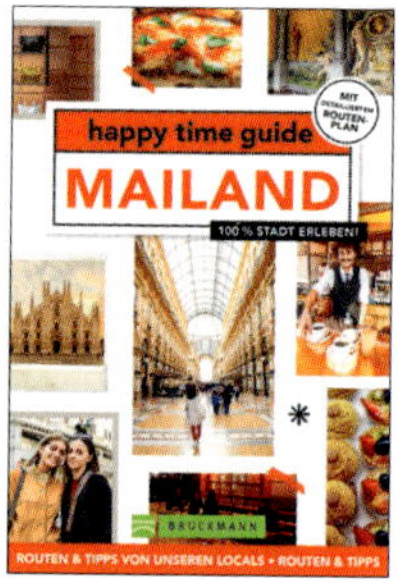

ISBN 978-3-7343-2582-3

Happy time guide – mehr als ein Reiseführer!

Der happy time guide nimmt dich mit auf unterschiedliche Spaziergänge, auf denen du die Stadt in deinem eigenen Tempo entdeckst und den Lebensstil der Locals kennenlernst. Und das alles, ohne dich vorbereiten zu müssen! Alle Adressen sind persönliche Empfehlungen der Autoren, die in der Stadt leben. Mit inspirierenden Bildern und praktischen Ausklappkarten.

BRUCKMANN

www.bruckmann.de

ERSCHIENEN

ISBN 978-3-7343-2581-6

ISBN 978-3-7343-2576-2

ISBN 978-3-7343-2580-9

ISBN 978-3-7343-2579-3

ISBN 978-3-7343-2578-6

ISBN 978-3-7343-2577-9

IMPRESSUM

© 2022, published by mo'media, Rotterdam. Die Originalausgabe mit dem Titel »time to momo DUBLIN« ist im Februar 2022 im Verlag mo'media erschienen.

This edition is published by Bruckmann Verlag GmbH
in cooperation with »time to momo«.
Autorin: Kim van der Veer
Fotos: David in den Bosch, Marjolein den Hartog, Vincent van den Hoogen
Layout: Studio 100%, Oranje Vormgevers
Kartografie: Van Oort redactie en kartografie
Repro: Marcel Beijnsberger

DEUTSCHE AUSGABE
© 2022 Bruckmann Verlag GmbH,
Infanteriestraße 11a, 80797 München

Verantwortlich: Claudia Hohdorf
Übersetzung: Ralf Johnen
Redaktion: Susanne Maute
Korrektorat: Simona Fois
Satz: mcp concept GmbH
Repro: LUDWIG:media
Herstellung: Alexander Knoll
Printed in Slovenia by Florjancic

ISBN 978-3-7343-2583-0

Sind Sie mit diesem Titel zufrieden? Dann würden wir uns über Ihre Weiterempfehlung freuen. Erzählen Sie es im Freundeskreis, berichten Sie Ihrem Buchhändler, oder bewerten Sie bei Onlinekauf. Und wenn Sie Kritik, Korrekturen, Aktualisierungen haben, freuen wir uns über Ihre Nachricht an Bruckmann Verlag, Postfach 40 02 09, D-80702 München oder per E-Mail an lektorat@verlagshaus.de.

Unser komplettes Programm finden Sie unter www.bruckmann.de

Alle Angaben dieses Werkes wurden von der Autorin sorgfältig recherchiert und auf den neuesten Stand gebracht sowie vom Verlag geprüft. Für die Richtigkeit der Angaben kann jedoch keine Haftung übernommen werden, weshalb die Nutzung auf eigene Gefahr erfolgt. Insbesondere bei GPS-Daten können Abweichungen nicht ausgeschlossen werden. Sollte dieses Werk Links auf Webseiten Dritter enthalten, so machen wir uns die Inhalte nicht zu eigen und übernehmen für die Inhalte keine Haftung.

In diesem Buch wird aus Gründen der besseren Lesbarkeit das generische Maskulinum verwendet. Weibliche und anderweitige Geschlechteridentitäten sind dabei ausdrücklich mitgemeint, soweit es für die Aussage erforderlich ist.

Die Deutsche Nationalbibliothek verzeichnet diese Publikation in der Deutschen Nationalbibliografie; detaillierte bibliografische Daten sind im Internet über http://dnb.d-nb.de abrufbar.